CARLO MARIA MARTINI

LE ALI DELLA LIBERTÀ

L'uomo in ricerca e la scelta della fede

*

"Meditazioni sulla Lettera ai Romani"

PIEMME

I Edizione 2009

20145 Milano - Via Tiziano, 32
info@edizpiemme.it - www.edizpiemme.it

Introduzione

«Ti ringraziamo, o Signore, perché ci chiami a questo momento di meditazione e di silenzio: fa' che non lo sprechiamo, ma affrontiamo ogni minuto che ci è dato per vivere alla Tua presenza e della Tua presenza. Tu sei in mezzo a noi, Signore, Tu sei qui per aiutarci, per sostenerci, per confortarci. Ti lodiamo, Ti benediciamo e Ti glorifichiamo per la Tua gloria immensa.»

Ringrazio il Signore Gesù. Lo ringrazio perché mi dà, ancora una volta, forse l'ultima, la possibilità di incontrarmi con voi per un momento di ritiro spirituale e di meditazione della Parola. Dico questo perché, fino a qualche tempo fa, pensavo di non poter tenere questi esercizi spirituali, in quanto da circa una decina di mesi sono stato colpito da vari acciacchi sia dovuti all'età sia alla malattia cronica del Parkinson. Stavo quasi per rinunciare a questa occasione di incontro. Poi però la generosità di alcuni amici e la disponibilità di alcuni di voi mi hanno convinto ad accettare.

Ringrazio Dio; ringrazio Gesù, che ci accoglie nel suo Mistero; ringrazio Maria, Madre della Pietà, che ci riceve in questo luogo santificato dalla presenza di molti santi; ringrazio voi perché avete accettato questo invito e vi siete messi sulla via per la Gerusalemme Celeste. Avete deciso nel vostro cuore il santo viaggio, come dice il *Salmo* 83. Vi saluto, tutti e ciascuno, cordialmente, sia quelli che conosco, sia quelli che vedo qui per la prima volta, sia quelli che vengono da Milano (è chiaro che conservo per loro un particolare posto nel cuore), sia quelli che vengono da altre parti d'Italia o del mondo. Vi saluto e ringrazio Dio di poter compiere con voi questo breve tratto di cammino.

Gli attori degli esercizi

In questa introduzione, ritengo opportuno richiamare i cinque attori degli esercizi spirituali; sono cinque persone, cinque realtà vive e attive, che saranno protagoniste di questo vostro ritiro.

La prima è lo *Spirito santo* che, come dice arditamente sant'Ignazio, tocca direttamente il cuore dell'uomo; questa non è una novità, ma un aspetto particolare della spiritualità ignaziana: l'uomo è toccato direttamente da Dio non solo attraverso la Chiesa, attraverso i Comandamenti, attraverso le varie istituzioni ecclesiastiche; c'è un luogo del cuore dove

Dio ci tocca – dice sant'Ignazio – e quindi lo Spirito è il primo attore di questi esercizi. Bisogna affidarsi a Lui e anch'io mi affido a Lui tanto più che, per i motivi di salute che vi ho detto, non ho potuto preparare quasi niente, vengo del tutto o quasi del tutto impreparato, affidato allo Spirito.

Naturalmente lo Spirito richiede da noi raccoglimento. È importante che negli esercizi ci sia solitudine, silenzio, meditazione. E vi raccomando soprattutto i momenti a rischio: per esempio a tavola, quando verrebbe tanta voglia di comunicare al vicino qualche cosa; questo forse non romperebbe l'atmosfera, ma creerebbe un senso di nervosismo, e quindi vi chiedo, se dobbiamo comunicare qualcosa di urgente, di aspettare il momento o il frangente in cui non si genera disturbo alla comunità. E il silenzio sia osservato sia per rispetto all'Ospite, che è lo Spirito santo, sia per rispetto al cammino degli altri.

Secondo attore: *voi*, che fate gli esercizi. Voi state per intraprendere un cammino che vi trasformerà. Ci può essere della ripetitività, però ogni anno andiamo al ritiro un po' diversi dall'anno precedente. Qualche volta si è entusiasti, qualche volta stanchi, qualche volta amareggiati, frustrati, qualche volta speranzosi. Cambia sempre il nostro stato d'animo. Esso dipende molto da ciò che è avvenuto durante l'anno. Quindi voi affrontate questi esercizi ciascuno nella condizione in cui è.

Come primo lavoro vi chiedo di mettere per iscritto la risposta a due domande.

Prima domanda: come entro in questi esercizi quest'anno? Particolarmente stanco, frustrato, contento, speranzoso, tentato?

Seconda domanda: come vorrei uscire da questi esercizi, cioè con quale novità, con quale forza, con quale luce? Questo vi servirà molto per orientarvi fin dall'inizio.

Quindi dopo lo Spirito santo, il vero protagonista siete voi, ciascuno di voi.

Terzo protagonista: sono un po' anch'*io*, che conduco gli esercizi spirituali. Come vi ho detto, quest'anno il mio contributo sarà ridotto, perché sono a corto di voce, e quindi non potrò incontrarvi e ascoltarvi tutti singolarmente, come di solito.

Di fronte a questa cappella c'è una camera dove ricevo, presso la quale c'è una cassetta in cui mi piacerebbe che voi esprimeste i vostri pensieri, le vostre reazioni, le vostre domande, i vostri suggerimenti. Non potendo ascoltarvi uno per uno vi chiedo di metterli lì e così io li potrò leggere. Negli esercizi è possibile una completa comunicazione della fede.

C'è quella che avverrà nella preghiera ed è molto importante. Vi è poi la comunicazione della fede che avviene spiegando la Parola. Vi è inoltre la comunicazione della fede che avviene leggendo le vostre domande, le vostre richieste, i vostri dubbi e le vostre proposte.

Ci sarebbe anche un altro modo di comunicare: sarebbe quello di trovarci qualche volta tutti insieme per un confronto dialettico libero. Data la mia condizione di salute, non posso farlo alla sera tardi dopo cena, ma se parecchi insistono si potrebbe fare una volta al posto della meditazione; è anche un modo di ascoltarsi e di edificarsi a vicenda.

Quarto attore: forse non ci pensiamo, ma dietro a questi esercizi c'è la vostra *comunità parrocchiale o religiosa,* cioè la Chiesa, che prega per questo vostro cammino affinché si svolga nella verità, nella chiarezza, nell'incisività; facciamo in modo che non sia un'occasione sprecata o vissuta con superficialità, e che di conseguenza non ci porti a niente. I vostri santi intercedono per voi.

Quinto attore: non bisogna dimenticare il *Nemico,* l'avversario che già da qualche giorno si è messo in moto per circuire ciascuno di voi, approfittando dei momenti di stanchezza, di noia, di distrazione, di frustrazione. Lì occorre resistere con forza: resistere, resistere, resistere. Perché dalla forza con cui resistiamo viene anche il crollo di questo castello di bolle di sapone che costruisce l'avversario.

Questi sono i cinque protagonisti coinvolti in questi esercizi. Vi chiedo di fare la vostra parte con fiducia, così da ottenere quelle grazie, quelle luci, che il Signore ha disposto per ciascuno, e anche per me.

Il tema degli esercizi

Ho scelto il tema più difficile: la *Lettera ai Romani*. Finora avevo scelto altri temi nei ritiri, ma mai avevo avuto il coraggio di affrontare questo testo arduo. Poi mi sono detto: «Questa volta devo farlo. Forse è l'ultima volta e bisogna saltare questo fosso». Quindi prenderò come tema questa Lettera. Però vorrei in questa meditazione quasi giustificare questa scelta, facendo vedere come essa si colloca nelle scelte di una persona anziana e in dirittura di arrivo nella Chiesa. Ecco io credo che, se ci domandiamo di che cosa sarebbe bello parlare come ultimo argomento, come ultimo ricordo, io credo che sarebbe bello parlare della *vita eterna*, di quella vita per la quale noi saremo simili a Lui e lo vedremo così come Egli è; di quella vita nella quale

Cristo consegnerà il regno al Padre e Dio sarà tutto in tutti.

Su questo non c'è molto nella Scrittura se non per via di immagini: per esempio il banchetto sul monte descritto da Isaia.

«Preparerà il Signore degli eserciti
per tutti i popoli, su questo monte,
un banchetto di grasse vivande,
un banchetto di vini eccellenti,
di cibi succulenti, di vini raffinati.
Egli strapperà su questo monte
il velo che copriva la faccia di tutti i popoli
e la coltre che copriva tutte le genti.
Eliminerà la morte per sempre;
il Signore Dio asciugherà le lacrime
su ogni volto.»
(*Isaia* 25, 6-8)

La debole simbologia del banchetto non basta per suscitare chissà quali desideri di vita eterna. Dobbiamo fidarci di Dio. È certamente un tema affascinante quello sul quale si sono trattenuti sant'Agostino e sua madre Monica, a Ostia, poco prima che la madre morisse: parlavano delle bellezze del cielo.

La vita dopo la morte è un interrogativo di millenni. È il tema cruciale, perché ci costringe a riflettere sulla conclusione di tutto.

La vita eterna è la grande vittoria di Dio, definitiva, irrevocabile. Essa ha come radice la morte e risurrezione di Gesù, che ci ha ottenuto la pienezza di vita.

Un altro tema sul quale mi piacerebbe molto riflettere è la morte di Gesù. Ciò che mi colpisce, in quest'ultimo tratto della mia vita, anche a seguito dei miei frequenti ricoveri ospedalieri, è che Gesù era stato all'inizio quasi preso per mano dal Padre e accompagnato fedelmente: «Dalla nube uscì una voce, che diceva "Questi è il Figlio mio, che ho scelto, ascoltatelo"» (*Luca* 9,35).

Poi però, a poco a poco, pare che quel Figlio venga abbandonato dal Padre.

Negli ultimi giorni sembra non più interessarsi a lui, lo lascia precipitare: tradito, legato, insultato, torturato, ucciso. Si direbbe che il Padre faccia di tutto per smentire la sua stima per Gesù, che faccia di tutto per dire che non gli interessa più nulla di lui. Scrive *Isaia*: «Disprezzato e abbandonato dagli uomini, uomo di dolore, familiare con la sofferenza, pari a colui davanti al quale ciascuno si nasconde la faccia, era spregiato, e noi non ne facemmo stima alcuna» (53,3).

Così si legge nel vangelo di *Luca*: «Il popolo stava *a vedere*, i capi invece lo *schernivano* dicendo: "Ha salvato gli altri, salvi se stesso, se è il Cristo di Dio, il suo eletto"» (23,35).

Ecco quello che mi colpisce: Gesù, così umiliato, svergognato, abbandonato, non si tira indietro di un millimetro nella fiducia al Padre, va avanti per la strada dell'abbandono che ha intrapreso il giorno in cui è sceso verso il Giordano per farsi battezzare da Giovanni il Battista. Gesù non ritorna sui propri passi, non si lascia prendere da dubbi, tentennamenti o nostalgie, quasi a dire: «Ho fatto male a tener duro su questo cammino. Era meglio se a un certo punto sgattaiolavo via». Si abbandona fino in fondo, fino a perdere ogni sicurezza, fino a consegnarsi in pura perdita. Questo è il senso della morte di Gesù, suggerito dalle sue stesse parole: «Nelle tue mani, o Padre, affido il mio Spirito». Questa fiducia è ciò che mi colpisce di più della morte del Cristo. È un abbandono totale che anche a noi è richiesto nei momenti di buio, quando veniamo privati progressivamente di ogni supporto umano, di ogni speranza e, a poco a poco, sentiamo di essere chiamati con la morte a consegnare tutto, a lasciarci andare come fanciulli nelle braccia del Padre. Gesù come modello di abbandono per ciascuno di noi: questo sarebbe un tema che tratterei volentieri per gli esercizi, perché appunto è un tema decisivo, conclusivo.

Però la morte non è il centro del kerigma; il centro del kerigma è la vita, è la risurrezione. Quindi occorre che tutto alla fine giunga a proclamare la risurrezione, che è il tema centrale nel Nuovo Testamento e che si esprime con l'idea della pienezza della gloria eterna e con gli effetti storici di essa. È a questo tema che si aggancia Paolo con la *Lettera ai Romani*. Paolo aveva già predicato la pienezza della gloria, per esempio nella *Lettera ai Tessalonicesi*, quando ricorda loro che li aveva invitati ad aspettare dal cielo il Salvatore Gesù, ad «attendere dai cieli il suo Figlio, che egli ha risuscitato dai morti, Gesù, che ci libera dall'ira ventura» (1,10). Paolo aveva già predicato questa pienezza di vita e aveva cercato di descriverne le conseguenze nella vita morale e spirituale del cristiano.

Questo richiamo veniva fatto da Paolo anche per un motivo pedagogico. Infatti, l'apostolo sapeva di avere a che fare con gli Ebrei, gente molto pratica, che si misurava sulle osservanze dei riti e delle prescrizioni: non tanto sulle idee, ma sui fatti e sulle azioni. Paolo voleva mostrare l'efficacia pratica della vita in Cristo, la novità di vita portata da Cristo. Così trovava più facile far comprendere a gente che dava molto valore all'osservanza e all'impegno morale la specificità del messaggio cristiano, perché esso non rischiasse di apparire una Torah diminuita, una Torah più blanda. Paolo voleva mostrare l'efficacia della sequela e della imitazione di Gesù ai fini della salvezza. Per questo motivo insiste sulla gloria di Dio che può risplendere nella vita quotidiana.

Inoltre l'apostolo non poteva sopportare l'esaltazione che i rabbini facevano della loro giustizia, giustizia acquisita con l'osservanza della Legge. Soprattutto non poteva tollerare l'insegnamento di coloro i quali, considerando la giustizia un privilegio proprio solo del giudaismo, chiedevano che tutti i battezzati fossero anche circoncisi e così si obbligassero a praticare nella sua interezza la Legge di Mosè.

La legge rabbinica richiede molte osservanze anche alimentari. Paolo riteneva che se i pagani fossero stati obbligati a questo rigido *corpus* di riti, avrebbero perso la novità del Cristo e si sarebbe data agli uomini la percezione di salvarsi mediante le pratiche e non attraverso Gesù.

Ora passiamo a leggere qualche brano dal Libro degli *Atti*: «Alcuni venuti dalla Giudea insegnavano ai fratelli ad Antiochia questa dottrina: se non vi fate circoncidere secondo l'uso di Mosè non potete essere salvi» (15, 1-2). Paolo e Barnaba si opponevano risolutamente a questa dottrina. È bello paragonare questa rabbia di Paolo con la gioia con cui racconta invece come i pagani, senza passare per la Legge di Mosè, accettassero il cristianesimo. Si veda anche *Atti degli Apostoli* 15, 12: «Tutta l'assemblea stette ad ascoltare Barnaba e Paolo che riferivano quanti miracoli e prodigi Dio aveva compiuto tra i pagani per mezzo loro senza la Legge di Mosè». Ancora possiamo sentire la delusione di Paolo quando, dopo aver raccontato tutte le belle cose che Dio aveva fatto con i pagani, si sente rispondere: «Tu vedi, o fratello, quante migliaia di giudei sono venuti alla fede e tutti sono gelosamente attaccati alla Legge» (*Atti degli Apostoli* 21,19-21). Era un modo per dire che solo la Torah era la vera strada; Paolo deve avere provato un grande sdegno di fronte a questo modo di presentare il cristianesimo, forse uno sdegno simile a quello provato ad Atene quando, andando per le vie della città (*Atti degli Apostoli* 17,14), vedeva quanto gli ateniesi fossero superstiziosi. Per questo motivo insiste sul fatto che il cristianesimo ha degli effetti trasformanti, e non solo la Legge mosaica. Dunque potremmo dire che nella *Lettera ai Romani* Paolo parla delle conseguenze della risurrezione come giustificazione, noi diremmo meglio come santità, come vita nuova, prendendo a prestito il vocabolario dei rabbini.

Domandiamoci infine che significato ha tutto ciò per l'oggi. Vorrei ricordare alcune cose: primo, che noi passiamo tutta la vita a dire che è Dio che fa tutto e noi siamo solo poveri collaboratori, ma in realtà pensiamo il contrario: cioè che senza di noi Dio non farebbe niente. Quindi siamo anche noi molto bisognosi di questa lezione di san Paolo, perché in fondo al nostro cuore abbiamo la percezione che siamo noi e non Dio a operare il bene. Ogni salvezza viene da Gesù. È necessaria dunque una purificazione progressiva che ci porterà a riconoscere che Dio è tutto e che Lui veramente opera. Questo lo vedo anche in me. Dio ha permesso che arrivassi a questi esercizi senza preparazione, senza sicurezze su di me per lasciare agire la Sua Parola, il Suo Spirito. Dobbiamo arrivare a capire chi veramente è l'attore primo della vita cristiana.

Per questo non mancate di leggere la *Lettera ai Romani*. Leggetela per intero, in maniera d'averne un'idea unitaria e da poter cogliere la forza, quasi la violenza di Paolo.

Non mi propongo di fare una *lectio* continua della *Lettera ai Romani*, ma semplicemente di prendere qualche brano secondo lo spirito degli *Esercizi* di sant'Ignazio per aiutarci a meditare e a seguire la via del discepolo. Vi proporrò dei brani cercando anzitutto di delimitarne il contesto e di trovarne la struttura. Poi di capirne il contenuto e, in seguito, di domandarci quali sono le piste di riflessione per la nostra vita. Una di esse vorrei anticiparla subito. Abbiamo detto che Paolo usa un linguaggio rabbinico per dire una verità cristiana. Noi moderni siamo di fronte alla difficoltà di farci capire, cioè di dover usare parole antiche per comunicare contenuti eterni e universali, o meglio: ci troviamo di fronte a parole antiche che la gente non capisce più per dire ciò che la gente capisce. Io credo che occorra non abolire o rifiutare in blocco il vocabolario antico. Ritengo tuttavia sia necessario riproporlo in maniera comprensibile, quasi colloquiale. Questo è un lavoro certamente molto lungo e presuppone che uno abbia anzitutto interiorizzato profondamente il messaggio. Non è un lavoro facile, né un lavoro immediato. Bisogna essere talmente penetrati del Mistero di Gesù da poterlo dire in tutte le forme possibili, sia quelle più classiche sia quelle più moderne senza tradire il pensiero fondamentale. Gesù parla chiaro e questa chiarezza è segno della sua luminosità. Certe volte noi parliamo in modo oscuro perché abbiamo l'oscurità dentro di noi: chiediamo al Signore di fare in noi chiarezza e di parlare semplicemente delle cose di Dio.

Vi invito perciò a leggere la *Lettera ai Romani* chiedendovi di stabilire, per ciascuno di voi, il traguardo che intendete raggiungere.

CHI, CHE COSA, A CHI, PERCHÉ

Il proemio della *Lettera ai Romani*

«Vieni Spirito santo, riempi i cuori dei tuoi fedeli e donaci la pienezza della Tua consolazione.»

Meditare sulla *Lettera ai Romani* è un po' come entrare con un aereo in una di quelle nubi pericolose, che di solito i piloti evitano perché sono segnalate sul loro monitor in maniera speciale. Sono nubi nelle quali ci sono lampi, venti, grandine e dove l'aereo può subire forti scosse. Di solito i piloti evitano queste nubi e, tuttavia, noi abbiamo deciso di entrare in questa nube profonda che è la *Lettera ai Romani*. Ma come in ogni viaggio aereo prima di entrare nella nube c'è un momento di tranquillità e di calma, un momento di preparazione. Per noi sono i versetti introduttivi della Lettera, quelle pagine in cui di solito Paolo presenta chi è, a chi scrive, perché scrive, che cosa si propone di dire. È il proemio, che di solito nelle Lettere di Paolo è piuttosto breve. Qui invece è molto ampio; è il più ampio di tutti, perché Paolo vuole con delicatezza sfiorare in anticipo i temi che poi creeranno scintille, lampi e tuoni. Ho dato come titolo a questa meditazione *Chi, che cosa, a chi, perché*: sono tutti gli ingredienti di un proemio antico e Paolo li utilizza con sfumature fuori dal comune. Non è difficile delimitare il proemio che va dall'inizio della Lettera fino al versetto 17. Col versetto 15 finisce la navigazione tranquilla, col versetto 16 si comincia a entrare nella nube e a scuotersi.

Leggiamo il testo: «Paolo, servo di Cristo Gesù, apostolo per vocazione, prescelto per annunziare il vangelo di Dio, che egli aveva promesso per mezzo dei suoi profeti nelle sacre Scritture, riguardo al Figlio suo, nato dalla stirpe di Davide secondo la carne, costituito Figlio di Dio con potenza secondo lo Spirito di santificazione mediante la risurrezione dai morti, Gesù Cristo, nostro Signore. Per mezzo di lui abbiamo ricevuto la grazia dell'apostolato per ottenere l'obbedienza alla fede da parte di tutte le genti, a gloria del suo nome; e tra queste siete anche voi, chiamati da Gesù Cristo. A quanti sono in Roma diletti da Dio e santi per vocazione, grazia a voi e pace da Dio, Padre nostro, e dal Signore Gesù Cristo.

Anzitutto rendo grazie al mio Dio per mezzo di Gesù Cristo riguardo a tutti voi, perché la fama della vostra fede si espande in tutto il mondo. Quel Dio, al quale rendo culto nel mio spirito annunziando il vangelo del Figlio suo, mi è testimone che io mi ricordo sempre di voi, chiedendo sempre nelle mie preghiere che per volontà di Dio mi si apra una strada per venire fino a voi. Ho infatti un vivo desiderio di vedervi per comunicarvi qualche dono spirituale perché ne siate fortificati, o meglio, per rinfrancarmi con voi e tra voi mediante la fede che abbiamo in comune, voi e io. Non voglio pertanto che ignoriate, fratelli, che più volte mi sono proposto di venire fino a voi – ma finora ne sono stato impedito – per raccogliere qualche frutto anche tra voi, come tra gli altri Gentili. Poiché sono in debito verso i Greci come verso i barbari, verso i dotti come verso gli ignoranti: sono quindi pronto, per quanto sta in me, a predicare il vangelo anche a voi di Roma.

Io infatti non mi vergogno del vangelo, poiché è potenza di Dio per la salvezza di chiunque crede, del Giudeo prima e poi del Greco. È in esso che si rivela la giustizia di Dio di fede in fede, come sta scritto: *Il giusto vivrà mediante la fede*» (*Lettera ai Romani* 1,1-17).

Anzitutto interroghiamoci sul «chi», cioè chi è colui che scrive? Noi sappiamo che Paolo non era mai stato a Roma né conosceva quella comunità, quindi deve presentarsi. Definendo se stesso definisce anche la sua fede, cosa che Paolo di solito non fa nelle altre Lettere. Qui ha bisogno di una sorta di "biglietto da visita" per poter dire: «Ecco ciò in cui credo». Cerca quindi un'espressione della fede che non è comune al suo linguaggio, ma che probabilmente poteva essere ben capita a Roma.

Il «che cosa?» viene affrontato nel sommario dell'annuncio, che va dal versetto 2 al versetto 6.

«A chi» scrive? «A quanti sono in Roma diletti da Dio e santi per vocazione» (versetto 7). Qui c'è una curiosità che non avevo mai notato finora, ma leggendo un commento esegetico acuto mi si è evidenziata. In genere Paolo scrive alla Chiesa di Dio che è in Efeso, in Colossi, in Corinto: qui non c'è menzione della Chiesa. Gli esegeti discutono. Forse Paolo non la pensava come una Chiesa unita, quanto piuttosto come un gruppo di cristiani devoti. Comunque, c'è un qualche mistero sul perché Paolo non riesca a dare la qualifica di Chiesa a Roma. Forse la *ecclesia* romana era nata attraverso conversioni di singoli o da piccoli gruppi che si erano messi insieme. Non si era ancora formata una unità.

«A quanti sono in Roma diletti da Dio e santi per vocazione grazie a voi e pace da Dio Padre nostro e dal Signore Gesù Cristo» è il comune augurio che si fa in ogni lettera. «Grazie a voi e pace», augurio che ripetiamo in ogni eucaristia, seguito da un rendimento di grazie: «Rendo grazie al mio Dio..., quel Dio al quale rendo culto nel mio Spirito... chiedendo sempre nelle mie preghiere che per volontà di Dio mi si apra una strada per venire da voi» (versetti 8-10).

Paolo vuole mettere le premesse per un incontro, ciò che non c'è nelle altre Lettere, che scrive a comunità dove magari è già stato. Qui pensa a un incontro. Questo incontro da cosa è motivato?

Anzitutto, «dal vivo desiderio di vedervi»; quindi Paolo sente di avere una missione, per così dire universale, deve conoscere un po' tutti, sente questa tensione. Poi aggiunge: «O meglio per rinfrancarmi con voi e tra voi mediante la fede che abbiamo in comune voi ed io». Io cito spesso queste parole perché, avendo dato molti corsi di esercizi, riconoscevo che in esse c'è questa tensione a offrire la Parola, ma c'è anche la tensione a riceverla. Quindi chi dà gli esercizi si attende un ritorno, uno scambio, magari silenzioso. Per voi è possibile farlo anche per scritto o con qualche incontro. La fede di chi dà gli esercizi deve crescere. Dare gli esercizi è una attività che fa crescere. Io ho sperimentato che, tra le tante attività esercitate nella mia vita, quella degli esercizi ignaziani è quella che mi ha fatto crescere di più nella fede, al contatto con la fede di tanti. Quindi dobbiamo, nel comunicare ad altri la fede, anche aspettarci un ritorno che è normale che ci sia. Il contenuto della fede è esposto così: «Riguardo al Figlio suo nato dalla stirpe di Davide secondo la carne costituito Figlio di Dio con potenza, secondo lo Spirito di santificazione mediante la risurrezione dai morti».

I concetti ci sono tutti, ma qui Paolo usa parole che non ci aspetteremmo e che erano comprensibili nella Chiesa di Roma e non in altre chiese. Questo ci avverte di stare molto attenti nel nostro linguaggio. Non si tratta di dire ciò che noi comprendiamo, ma soprattutto ciò che l'altro può comprendere, domandandoci sempre «che impressione farà sull'altro ciò che dico?».

Occorre immaginare, penetrare un po' nel cuore della gente per capire come reagirà a ciò che sto dicendo. Per questo non è necessaria una competenza psicologica speciale. Anche noi abbiamo queste sensibilità.

Occorre capire ciò che dice il testo, ma anche mettersi nella mentalità della gente per poterlo spiegare in maniera semplice.

Io ho pubblicato recentemente un libro di dialoghi coi giovani. In esso cerco di dire le cose con semplicità, di ascoltare i giovani, che in genere parlano in maniera diretta, e di rispondere con lo stesso linguaggio. Non so se ci sono riuscito. Voi stessi potrete giudicare.

Paolo presenta accuratamente il suo messaggio, rinunciando a parole proprie e usando parole altrui

Una terza cosa che voglio notare qui è che Paolo rende grazie a Dio. Bisogna sempre prima di tutto ringraziare. Io ricordo che quando facevo le Visite pastorali di solito il Consiglio pastorale cominciava così: «Purtroppo siamo pochi, siamo sempre gli stessi, non riusciamo a fare quello che ci proponiamo, ci mancano i giovani, ecc.» e io dicevo: «Ma non avete niente da ringraziare Dio? Non capite che il solo fatto di vivere la fede in un contesto così pagano è un dono immenso di Dio?».

Anzitutto ringraziamo Dio per questa Chiesa, per questo Papa, per queste realtà, anche se poi abbiamo certamente qualcosa da criticare. Poniamo sempre tutto in un quadro di ringraziamento. Ringraziamo Dio per ciò che siamo, per ciò che ci ha dato, per la nostra Chiesa, per la nostra comunità, per la nostra parrocchia.

Sarebbe bello se un prete andasse sul pulpito e dicesse: «Ringrazio Dio perché ci siete, ringrazio Dio per la vostra fede, pazienza, perseveranza».

Paolo continua: «Anzitutto rendo grazie al mio Dio per mezzo di Gesù Cristo riguardo a tutti voi, perché la fama della vostra fede si espande in tutto il mondo». Poi indica qualcosa che è molto profondo in lui: «Quel Dio al quale rendo culto mi è testimone che io mi ricordo sempre di voi chiedendo sempre nella mia preghiera che per volontà di Dio mi si apra una strada per venire a voi». Paolo prega incessantemente per questa comunità e per le altre comunità.

Ho riflettuto molto in questi anni sulla preghiera di intercessione, ho anche scritto qualche pensiero che potrete trovare in qualche pubblicazione. Penso di fare un libretto di sintesi sui temi della preghiera di intercessione.

È una grande opportunità che ci viene data: pregare per tutte le Chiese, pregare per tutta l'umanità, pregare per tutti coloro che soffrono, pregare per tutti i malati, i carcerati, i moribondi. Certo la nostra intercessione è povera, distratta, talvolta scialba. Tuttavia non dobbiamo dimenticare che la nostra intercessione è un piccolo rigagnolo che entra nel grande fiume dell'intercessione della Chiesa, che a sua volta entra nell'immenso oceano dell'intercessione di Cristo, che è sempre vivo e intercede per noi. Cristo prega per noi continuamente e noi dobbiamo unire la nostra preghiera alla Sua.

Paolo poi racconta come ha cercato più volte di andare a Roma da loro, ma non è stato possibile. Si sente debitore verso tutti: «Sono quindi pronto per quanto sta in me a predicare il Vangelo anche a voi di Roma». Ancora una volta non alla Chiesa di Roma ma «a voi di Roma», forse perché Roma non ha ancora la qualità di una Chiesa formata, ma è fatta di piccoli gruppi separati.

Da qui in avanti si entra nella nube: «Io infatti non mi vergogno del Vangelo».

Da questi versetti in poi sentiamo schianti, tuoni, lampi, saette e grandine. Si percepisce tutta l'emozione di Paolo.

Vorrei ricordare in conclusione ancora qualche punto che non ho sottolineato. Il primo è questo: Paolo si definisce anzitutto in relazione a Gesù. Non fa nessuna menzione della propria famiglia o della propria genealogia. Si proclama schiavo di Gesù Cristo perché sente che questa è la più forte determinazione della sua vita. Siamo noi capaci di descriverci così? Oppure ci descriviamo come italiani, come preti, come membri di tale famiglia, mentre invece la più profonda determinazione, quella che dura tutta l'eternità, è di essere uniti a Gesù. Paolo ha delle formule ancora più forti quando dice, per esempio: «Sono stato crocifisso con Cristo e non sono più io che vivo ma Cristo vive in me» (*Galati* 3, 20). Io non oserei dire una frase così forte, però mi sento di fissarla come obiettivo. Dice ancora Paolo: «Questa vita che vivo nella carne io la vivo nella fede del Figlio di Dio che mi ha amato e ha dato se stesso per me» (*Galati* 3, 20). Certamente non c'è nessuna realtà nel mondo che ci sia intima quanto Gesù. Certo vi sono altre persone a noi molto vicine: i genitori, i fratelli, le sorelle. Ma Gesù lo ha dichiarato: chi ama queste persone più di Lui non è degno di Lui. Quindi c'è un'intimità misteriosa che determina veramente la personalità. Questo è dono e grazia e dobbiamo chiederlo con insistenza, di definirci in rapporto a Gesù.

Paolo ha sempre chiesto nelle sue preghiere che per volontà di Dio gli si aprisse una strada per recarsi fino a Roma. L'ha chiesto a Dio e, in questo senso, rimane abbandonato alla sua volontà: chiede che il Signore lo guidi.

Ogni tanto dovremmo fare un piccolo esame di coscienza sulla gratitudine: qual è il mio sentimento più profondo? È quello della gratitudine e dell'accettazione dei disegni misteriosi della Provvidenza o è quello dell'amarezza e del risentimento? Vi sono persone che sono risentite e che quindi mostrano in tutto il loro essere di non avere pace dentro di sé. Concludo con questo fatto che ho già raccontato. Un giorno fui invitato dal Vicario Generale ad andare a dire la Messa con un vecchio prete che anche dopo la morte del cardinale Giovanni Colombo, mio predecessore, era in continua tensione. Il cardinale Colombo aveva deposto lui e un altro prete da parroci: l'altro se ne era andato e lui era rimasto resistendo. Io allora andai da lui per portargli un calice in segno di pace. Celebrammo l'eucaristia; arrivati all'abbraccio di pace io dissi: «La pace sia con te!». Lui rispose: «Nella giustizia». Ecco dove si vede che ancora risentiva di questa ferita del passato. Offriamo al Signore queste ferite, perché lui le mediti e le curi e affidiamo tutto al Mistero di Maria.

Un altro aspetto dell'abbandono che mi preme sottolineare è l'ascolto della voce dello Spirito. Ciascuno di noi deve essere pronto a cogliere le ispirazioni dello Spirito santo. Siamo beati se diventiamo poveri nello spirito, cioè se ci fidiamo talmente di Dio da accettare sempre la sua volontà, il sogno che Lui ha immaginato per noi e che non può realizzarsi senza la nostra piena adesione al soffio dello Spirito. Ciò che Lui vuole è che cerchiamo sempre – pregando, riflettendo – di rivedere a ogni passo le nostre presuntuose e fragili sicurezze umane. Si tratta di vivere le parole della preghiera quotidiana: «Sia fatta la tua volontà», accettando il disegno misterioso di una Provvidenza cosmica che umanamente non possiamo comprendere, ma che sempre ci ispira.

Paolo parla molto di sé nelle sue Lettere, un po' come tutte le persone un tantino nevrotiche che senza accorgersene raccontano di sé a lungo. Non è sempre un difetto. Dunque, condividendo questo difetto con Paolo, mi lascio anch'io trascinare da questo vezzo e vi racconto tutti i particolari di quando una volta, compiuti i miei settantacinque anni, decisi di andare a Gerusalemme.

Paolo dice: «Ed ecco ora, avvinto dallo Spirito, io vado a Gerusalemme senza sapere ciò che là mi accadrà» (*Atti* 20, 22). Anch'io vivevo questa tensione. Non avevo motivi logici per andare a Gerusalemme ma sentivo che lo Spirito mi traeva colà. Queste parole mi piacciono molto perché ricordano le parole con cui l'autore della *Lettera agli Ebrei* definisce Abramo. Abramo chiamato da Dio partì senza sapere dove andava. Sovente anche noi partiamo senza sapere dove andiamo. Io potevo aspettarmi a Gerusalemme di morire per il Signore, di dare la mia vita per il vangelo. Invece non è avvenuto e quindi dopo sei anni, costretto dalla malattia, dal bisogno di cure, sono tornato. Però sono sempre stato convinto che questa presenza a Gerusalemme era volontà di Dio, volontà dello Spirito, era proclamazione della centralità di Gerusalemme e del suo valore per tutta la storia della Chiesa. Quindi sono contento anche di questa grazia, anche se ora probabilmente non potrò più tornare. Sento che a Gerusalemme si giocano i destini dell'umanità e invito chi di voi non è ancora stato là ad andare a Gerusalemme. Paolo VI diceva: «Io vorrei che ogni cristiano andasse almeno una volta in vita sua a Gerusalemme»; ogni cristiano, tanto più i preti e i religiosi. San Paolo aggiunge inoltre: «Non ritengo tuttavia la mia vita meritevole di nulla – è vero – purché conduca a termine la mia corsa e il servizio che mi fu affidato dal Signore Gesù, di rendere testimonianza al messaggio della grazia di Dio» (*Atti* 20,24).

Questo è ciò che il Signore mi mette nel cuore e che desidero fare sempre e comunque in qualunque situazione di questo mondo. Perciò leggendo questa pagina degli *Atti* mi sento profondamente commosso e toccato e auguro a ciascuno di voi di sentirla come la propria autobiografia, di rileggervi qui dentro e di potervi avvicinare alle affermazioni di Paolo troppo alte per me. Nessuno di noi è senza colpa riguardo a coloro che si perdono. Però sappiamo che la Misericordia del Signore è grande e quindi dobbiamo cercare con tutte le forze di dare un aiuto a coloro che si perdono. La nostra Chiesa oggi è un po' timorosa nell'aiutare chi si allontana; è precisa nel delimitare i limiti, ma non tanto coraggiosa nell'offrire una mano a chi è fuori dai confini. Invece, noi dobbiamo passare annunciando il regno di Dio e il messaggio della grazia di Dio, cioè della sua Misericordia a tutti coloro che tornano a Lui. Il cuore di Dio è immenso, e «qualunque cosa esso ci rimproveri. Dio è più grande del nostro cuore e conosce ogni cosa» (*1 Giovanni* 3,20). Siamo davvero misericordiosi, se impariamo a soffrire con chi soffre, a gioire con chi gioisce, a praticare sempre e in ogni più sfavorevole circostanza l'etica del non-danneggiamento, l'etica del non far soffrire nessuno a causa del nostro giudizio.

Chiediamoci: porto io intorno a me il messaggio della Misericordia di Dio? Gesù è amato anche per causa mia? Oppure ci sono alcuni che si allontanano, che non capiscono perché non riescono a cogliere il volto del Cristo misericordioso. Certo anche Gesù è stato forte e deciso, però ha sempre prevalso in Lui la Misericordia e l'accoglienza, e quindi preghiamo perché la nostra Chiesa cresca nella conoscenza dei grandi doni di misericordia che le sono dati.

L'IRA DI DIO

La questione del bene e del male nella *Lettera ai Romani*

> «Ti chiediamo, o Signore, di non chiudere i nostri occhi sul male del mondo, ma di saperlo guardare come lo ha guardato Gesù, come lo guardi Tu, così da non diminuirlo con ottimismi indebiti, ma guardarlo in faccia. Perché non saremmo di questo mondo se non guardassimo anche al male del mondo.»

Diamo come titolo a questa meditazione *L'ira di Dio*. Ci prepariamo dunque a entrare nella nube, una nube che si annuncia piena di tempeste, di vento, di grandine, di tuoni, di lampi, un po' come vengono descritte alcune tempeste bibliche nel *Libro dei Salmi*. Leggiamo ad esempio:

> «Il Signore tuona sulle acque,
> il Dio della gloria scatena il tuono,
> il Signore, sull'immensità delle acque.
> Il Signore tuona con forza,
> tuona il Signore con potenza.
> Il tuono del Signore schianta i cedri,
> il Signore schianta i cedri del Libano».
> (*Salmo* 29, 3-5)

Assai drammatico anche il *Salmo* 17:

«La terra tremò e si scosse;
vacillarono le fondamenta dei monti,
si scossero perché egli era sdegnato.
Dalle sue narici saliva fumo,
dalla sua bocca un fuoco divorante;
da lui sprizzavano carboni ardenti.
Abbassò i cieli e discese,
fosca caligine sotto i suoi piedi».
(*Salmo* 17,8-10)

«Il Signore tuonò dal cielo,
l'Altissimo fece udire la sua voce:
grandine e carboni ardenti.»
(*Salmo* 17,14)

Qualcosa di simile dobbiamo aspettarci entrando in questa nube dell'ira di Dio di cui ci parla san Paolo nel capitolo secondo, anzi già nel capitolo primo, dal versetto 18 in avanti fino a tutto il capitolo secondo. Noi ci soffermeremo sul testo dal versetto 18 del capitolo primo fino alla fine del capitolo. Cercheremo di cogliere la struttura e il contenuto. Poi vi offrirò qualche riflessione; vorrei però cominciare da una visione più generale. Il bene e il male presenti nel mondo. Quante volte siamo stati anche noi attratti dal dilemma: nel mondo c'è più male o c'è più bene? C'è chi è pronto a giurare che il mondo è il regno del male e del Maligno, e a dimostrarlo adducendo tutta una serie di esperienze negative. C'è chi invece sostiene una visione diversa: il male è innegabile, ma c'è pure tanto bene. Non riesce facile dare una risposta soddisfacente a questo tipo di discorso. Tanto più che io mi sono convinto che se uno ha avuto precedentemente esperienze buone, positive, allora vede il mondo in una prospettiva sostanzialmente ottimista. Chi è stato invece schiacciato, umiliato, demoralizzato da esperienze negative è portato a vedere ovunque il male. Tuttavia, Dio solo sa come va il mondo.

Nel primo capitolo della *Lettera ai Romani* Paolo constata che nel mondo vi sono grandi mali.

Possiamo dividere il capitolo in tre parti. La *prima parte* va dal versetto 18 al versetto 23 e riguarda i pagani adoratori di idoli che diventano oggetto dell'ira di Dio. La *seconda parte* va dal versetto 24 al 28 e attesta l'abbandono di Dio nei confronti di coloro che conducono una vita dissipata nella fornicazione e nell'omosessualità. Questi sono due grandi esempi che san Paolo porta per dire che il mondo va male. La *terza parte* è una sorta di conclusione che generalizza il tutto (dal versetto 29 al versetto 32), dove vi sono circa 20 termini negativi, fra sostantivi e aggettivi. È la più lunga lista negativa del Nuovo Testamento: «Colmi come sono di ogni sorta di ingiustizia, di malvagità, di cupidigia, di malizia; pieni di invidia, di omicidio, di rivalità, di frodi, di malignità; diffamatori, maldicenti, nemici di Dio, oltraggiosi, superbi, fanfaroni, ingegnosi nel male, ribelli ai genitori, insensati, sleali, senza cuore, senza misericordia» (*Lettera ai Romani* 1,29-31). Si tratta di un giudizio negativo sulla società pagana del tempo che però sarà subito applicato anche agli ebrei. Quindi san Paolo conclude: nessuno ha in sé la forza di salvarsi. Noi ci domandiamo come rendercelo concreto questo giudizio negativo. Perché, come ho detto spesso, siamo in questo molto dipendenti dal sentimento. Se abbiamo avuto precedentemente esperienze buone, siamo portati ad aver fiducia nella buona fede delle persone. Se abbiamo avuto esperienze negative, siamo portati a pensare di conseguenza che tutti siano cattivi, crudeli, bugiardi...

Che cosa ci aiuta a giudicare in modo più equilibrato e obiettivo? Vorrei aiutarvi distinguendo tre tipologie di peccato. Così possiamo renderci conto meglio del male che c'è nel mondo.

Dunque, vi sono anzitutto i *peccati sociali*, di cui si parlava molto circa un ventennio fa; ci sono poi quelli che chiamerei i *peccati collettivi* e, infine, i *peccati personali*. Questi ultimi sono spesso gli unici che noi consideriamo mentre invece gran parte della peccaminosità mondana si deve ai peccati sociali e ai peccati collettivi. Che cosa intendo per *peccati sociali*? Intendo quei peccati – soprattutto nell'orizzonte delle sperequazioni economiche, culturali e sociali – che uno non può dire di non commettere, in quanto fa parte, di fatto, di un "sistema ingiusto". Un esempio molto semplice, un po' puerile, è quello che porta Karl Rahner. Compro una banana, la pago poco, ma so che questo avviene perché sono stati pagati poco i raccoglitori... e via dicendo. Questo sistema sfugge al singolo, e non è facile sottrarsi. È una forma di ingiustizia del mondo che regolarmente si cerca di riparare, ma per cadere in altre ingiustizie che sono altrettanto visibili e gravi. In certi paesi, soprattutto del terzo mondo, c'è una corruzione endemica. Ciò non vuol dire che anche da noi non ci siano degli abusi gravi. Ma in certi paesi non ci sono alternative: o uno si tira fuori dalla vita sociale o accetta di convivere con il sistema e, in qualche modo, di compromettersi un po' con esso. Quindi questo è un gravissimo male del mondo.

Voglio evidenziare ancor più i *peccati collettivi*, cioè quelli che nessuno è obbligato a compiere per sua natura, ma che sono indotti dalla moda, dal *trend* e dalla mentalità corrente, nel modo di parlare e di vivere. Perciò si commettono con estrema facilità. Come distinguere questi peccati collettivi e come identificarli? Io sono stato aiutato da una distinzione illuminante. Occorre distinguere gli *idola fori*, gli *idola tribus*, gli *idola specus* e gli *idola theatri*.

Gli *idola fori*: cioè ciò che dice la gente, la televisione, ciò che dicono i mass media. Molti si comportano in un certo modo perché "si dice", perché "si fa così". Vi sono molti di questi atteggiamenti errati o negativi. *Idola fori* molto potenti perché plasmano e modificano intere culture. Si fa così perché gli altri fanno così. Perché non si può essere diversi dagli altri, se si vuole essere accettati nel contesto sociale.

Poi ci sono gli *idola tribus* che sono assai più sottili. *Idola tribus* sono quelle tradizioni di famiglia o di cultura che ci obbligano a rispettare le convenzioni e le abitudini di stirpe o di retaggio tradizionale. Ricordo che una volta parlavo con un prete proponendogli un cambio che lo avrebbe portato a una condizione forse un po' inferiore della precedente. Ebbene egli mi disse con forza: «Mio padre mi ha detto mai andare indietro nella vita». Non è certamente un principio evangelico, ma è certamente un dettame tribale ereditato. Ci sono molti di questi principi "tribali": sono quelli che spiegano per esempio le diffidenze tra le etnie, le lotte tra i gruppi culturali. Noi ne siamo facilmente schiavi. Non ci accorgiamo neanche di andare dietro a tanti *idola tribus*. In certe popolazioni ci sono *idola tribus* che sono terribili e violenti. Per esempio: spetta allo zio, al fratello della madre, di uccidere eventualmente la bambina nata quando si pensa che non debba vivere. Questo lo si pratica ancor oggi in alcune zone dell'Africa; è un *idolum tribus* che non è scritto ma ha una forza tremenda. Gli *idola tribus* spiegano anche le opposizioni tra le nazioni e tra gruppi culturali.

Poi ci sono gli *idola theatri*. Qui mi rifaccio un po' alla mia esperienza. Io mi sono accorto che, quando uno ha di fronte una platea, le parole gli vengono un po' dettate anche dal pubblico. Una cosa è parlare tra amici, un'altra è parlare a ottantamila persone, dove l'uditorio ti obbliga in qualche modo a porgere i concetti in un certo modo o a usare stratagemmi retorici. I politici sono schiavi degli *idola theatri*. Per questo i politici dicono bugie; perché sono obbligati a dirle, la gente le vuole. Questi *idola theatri* sono davvero forti e anche un prete nella messa domenicale, nell'omelia, è molto spesso legato agli *idola theatri*. Sa che di certe cose non si può parlare e che di altre è bene che se ne parli in maniera "soft".

Vi sono in ultimo gli *idola specus*, che sono appunto quelle "caverne" che sono dentro di noi , che nessuno di noi conosce, se non gli psicanalisti. Ma la persona che è schiava degli *idola specus* neppure se ne accorge, perché è legata a una nevrosi. Queste sono abbastanza comuni. Penso alle nevrosi di possesso di certi parroci che non vogliono lasciare le parrocchie dopo un certo periodo di servizio o di quei vescovi, i quali – giunta l'età fatidica dei settantacinque anni – dicono «ma io sono ancora giovane, mi alzo presto, penso al mio gregge, lavoro molto». Non sono più capaci di ragionare e di prendere le distanze da quello che stanno facendo con un sano spirito di "distacco monastico".

Vi sono dunque peccati sociali, peccati collettivi e infine vi sono i *peccati personali*, quelli di cui ci accusiamo soprattutto nella nostra confessione. Esistono nel Nuovo Testamento molti elenchi di peccati personali. Quello che troviamo nella *Lettera ai Romani* al capitolo primo, comprende ventuno di questi atteggiamenti esistenziali negativi. Io però propongo, perché più concreto, l'elenco del vangelo di *Marco* che riduce i peccati a dodici. Mi sembra che Paolo qui tenga più alle categorie di persone, mentre Marco tende più all'oggettività delle azioni. Leggiamo: «Dal di dentro infatti, cioè dal cuore degli uomini, escono le intenzioni cattive: fornicazioni, furti, omicidi, adultèri, cupidigie, malvagità, inganno, impudicizia, invidia, calunnia, superbia, stoltezza. Tutte queste cose cattive vengono fuori dal di dentro e contaminano l'uomo» (*Marco* 7,21-22). Qui c'è una grandissima novità, la moralità viene "dal di dentro". Non viene dal toccare, dal vedere, dall'agire, ma dal cuore. E in greco è interessante notare che non sono tanto le azioni ma le intenzioni che escono dall'interiorità, che poi si traducono in azioni: «fornicazioni, furti, omicidi, adultèri, cupidigie, malvagità, inganno, impudicizia, invidia, calunnia, superbia, stoltezza». Soprattutto c'è la malvagità, la cupidigia, la malizia, l'omicidio. Molti vizi elencati nella *Lettera ai Romani* sono diversi. Io invito a considerare brevemente queste liste con due avvertenze.

Prima avvertenza: non pensare che «questa lista non mi riguarda, perché elenca peccati enormi, che non ho mai compiuto». In realtà, ci sono dentro di noi le radici di tutte queste derive peccaminose. Se considerassimo davvero gli *idola specus*, se ci addentrassimo nelle caverne del nostro intimo, là dove stanno in agguato i nostri istinti più aggressivi e voraci, ci accorgeremmo che come leoni ruggenti possono saltar fuori in ogni momento e vedremmo quanto è facile cadere in balìa di queste tentazioni e perdere la testa, a meno di non imparare la "padronanza di sé". Quindi non diciamo che non ci toccano. *Genesi* ci avverte: «Se non agisci bene, il peccato è accovacciato alla tua porta; verso di te è il suo istinto, ma tu dominalo» (*Genesi* 4,7). Nella Bibbia si parte sempre dal cuore, cioè dal di dentro, perché è lì che nascono tutte le ingiustizie, le malvagità, le violenze, ma anche le scelte per il bene, per una vera conversione di se stessi. Se cambia qualcosa dentro di noi, allora poi il cambiamento si vedrà fuori di noi... e il mondo diventerà un giardino.

Seconda avvertenza: ricordare che tutti questi peccati, nessuno escluso, sono stati commessi nella storia non solo del mondo, ma anche della Chiesa; e sono stati commessi da laici, da preti, da suore, da religiosi, da vescovi, da cardinali, da papi. Se guardiamo la storia della Chiesa vediamo che si può citare qualche nome illustre per ciascuno di questi peccati. Quindi vuol dire che la peccaminosità è grande, il male del mondo è grande.

Se vogliamo considerare più da vicino questa lista, vediamo che ci sono alcuni peccati che interessano proprio noi come chierici. La lista ha inizio con i peccati esterni: fornicazione, furti, omicidi. Questi forse ci toccano meno, ma qualche volta toccano anche noi. La lista prosegue: adultèri, cupidigie e malvagità. Quante cupidigie in noi, quante bramosie segrete di vedere, di sapere! E questo contamina il cuore. C'è poi l'inganno, e ciò per me è anche il fingere una religiosità che non c'è, il fare come se uno fosse perfettamente osservante, ma senza l'interiorità. E accanto all'inganno anche l'impudicizia: quante occasioni di impudicizia offrono i giornali, la televisione, internet... se uno si mette a seguire questi percorsi.

Invidia è chiamato il vizio clericale per eccellenza, perché è quel vizio che ci fa dire: «Perché a lui è stato dato quel tavolo vicino alla finestra e non a me» e così corre l'invidia lungo tutta la storia, perché un altro ha avuto ciò che toccava a me. Si vedono veramente persone logorate dall'invidia anche in cose buone. Per esempio persone che dicono: «Ma cosa ho fatto di male perché il tale venga nominato vescovo e io no. Eppure avrei anch'io tutte le doti necessarie, avrei anch'io tutte le capacità». Così si rodono per anni e sprofondano in assurde depressioni.

Infine, la calunnia. Beate quelle diocesi dove non girano le lettere anonime. Esse sono motivo e sorgente di calunnie. Io non le ho mai lette, perché davo il mandato ai miei segretari – appena si accorgevano che una lettera era senza firma – di strappare la lettera. Quindi non ne ho quasi mai viste. Ma ci sono diocesi rovinate dalle lettere anonime. Questo della calunnia è certamente un vizio grave.

L'ultimo peccato è la stoltezza: «Stolto, questa notte stessa ti sarà richiesta la tua vita» (*Luca* 12,20). Stolto è uno che vive come se Dio non ci fosse. «Lo stolto pensa: "Non c'è Dio"» (*Salmo* 13,1), rispetta magari tutti i riti e le pratiche religiose, ma non ha il senso di Dio, non è toccato dal cuore di Cristo, non è in relazione autentica di vita e di preghiera con Gesù.

Ecco perché molta gente dice che il mondo è pieno di peccati. È vero, sono tanti e tanti. Ma d'altra parte dobbiamo anche comprendere – come mi diceva un medico tedesco molto famoso durante un Sinodo – che oggi riguardo alla sessualità molta gente è in una condizione di ignoranza abissale, almeno rispetto ad alcuni aspetti, e quindi anche certi comportamenti dei giovani non sono forse da approvare, ma non sono neanche da condannare senza appello. I giovani non riescono a capire il linguaggio degli adulti e ancor meno il lessico ecclesiale. Non captano né le parole né i concetti.

L'orizzonte in cui siamo immersi è drammatico, talvolta oscuro, ma non dobbiamo pensare che la Provvidenza di Dio non sia sempre misteriosamente all'opera. Possiamo dunque pregare: «Signore, siamo immersi nel male e chiediamo la tua Misericordia, Signore tu solo conosci il male che c'è nel mondo». Qualche volta mi chiedo: ma perché c'è tanto male nel mondo? ...perché tanto odio? ...perché tante guerre, tante crudeltà, tanti sfruttamenti? ...perché gli orrori della tortura e della schiavitù? Non so rispondere: il Signore lo sa, e il Signore è Colui che pone rimedio. San Paolo individua in Gesù il rimedio divino al male del mondo, che anch'egli ben conosce. Chiediamo ogni giorno a Dio nella preghiera che ci faccia comprendere il Mistero, che ci faccia intuire qualcosa del Mistero del male per poterlo fuggire con orrore.

LA SALVEZZA DAL MALE

Il tema della grazia nella *Lettera ai Romani*

«Chiediamo al Signore che ci assista con la sua grazia, perché solo la grazia di Dio ci può dare la forza di vivere nella libertà la nostra vocazione.»

In questa meditazione vorrei fare ancora qualche riflessione sul capitolo primo della *Lettera ai Romani*, quindi ancora sull'ira di Dio. Poi passare, saltando alcuni brani, al capitolo terzo e al capitolo quinto che potrebbe essere intitolato *La salvezza dal male*. Ma prima riflettiamo ancora un momento sul brano che abbiamo letto perché c'è un verbo che mi colpisce, ripetuto tre volte al versetto 24 del capitolo primo, poi al versetto 26 e infine al versetto 28: «Dio li ha abbandonati...». Abbandonati all'impurità, abbandonati a passioni infami, abbandonati in balìa di una intelligenza depravata. Ciò significa che Dio non punisce, come pretende di spiegare Dante nell'*Inferno*, con pene dirette, ma "abbandona". L'uomo abbandonato è capace di tutti i peggiori mali, perde il lume dell'intelletto, perde il senso dei valori morali. Questa è la storia del mondo, la storia del peccato. Tanto è vero che in un movimento ecclesiale che ho avuto modo di apprezzare, vi sono giovani che vanno in cerca di altri giovani per la strada, nei bar, nelle discoteche. Il loro modo di affrontare altri coetanei è molto semplice e molto coraggioso. Hanno una carica evangelizzatrice formidabile e il loro argomento fondamentale è «tu hai l'inferno nel cuore». Questi giovani sono allora spinti a chiedersi perché si sono lasciati sprofondare nel baratro della droga, della frustrazione, della noia e dell'apatia. Ricordo che parlavo con uno di questi ragazzi e gli chiedevo: «Ma tu quando avvicini un altro ragazzo sai già cosa dire?». «No, gli dico: io sono Giorgio, ciao. E tu chi sei? Poi si comincia il discorso». Questi giovani evangelizzatori e "cercatori di uomini" partono dall'idea che l'abbandono di Dio, il suo allontanamento dal peccatore, crea sofferenza. San Paolo ha una parola precisa per dire questo, per esprimere questo senso di disagio e di malessere, che è l'aggancio a cui riferirsi per avvicinare questi giovani disorientati: «Tribolazione e angoscia per ogni uomo che opera il male, per il Giudeo prima e poi per il Greco» (*Romani* 2,9). Ci si avvicina all'oscurità e alla solitudine di questi ragazzi dicendo: «So che stai male e forse posso aiutarti». E allora vengono offerte a questi giovani varie possibilità di aiuto: dalle comunità terapeutiche, ma anche soltanto l'amicizia o un sostegno per trovare insieme una luce in fondo al tunnel di degrado e di confusione mentale. Questo volevo dire commentando la parola di san Paolo «Dio li ha abbandonati». Il castigo è l'abbandono.

La seconda considerazione che desidero fare è a partire da un passo degli *Esercizi spirituali* di sant'Ignazio che dice: «Chiederò per intercessione di Maria tre grazie: la prima di sentire il male dei miei peccati e detestarlo; la seconda di sentire il disordine delle mie operazioni per potermi ordinare in seguito; e la terza sentire la vanità del mondo per rimuoverla da me». Quindi sant'Ignazio suppone che non c'è soltanto il peccato formale da confessare, ma c'è anche un disordine nella vita. Io vi invito a esaminarvi anche su questo disordine. Non è vero peccato, ma è un senso di confusione nell'esistenza. Mi pare che questo disordine sia soprattutto riferito a tre cose: disordine *nell'orario,* disordine *negli impegni,* disordine *negli interessi.*

Disordine nell'orario: come quel predicatore anch'io vorrei dire: «Beato quell'esercitante che conclude gli esercizi spirituali con un solo proposito: andare a letto sempre alla stessa ora». Occorre arrivare a un certo ordine: quando vado a letto, quando mi alzo, quando dico l'Ufficio, quando faccio la meditazione, la *lectio divina.* Perché se no la vita è tutta regolata da urgenze, dal telefono, da internet, dalle chiamate degli altri. Uno poi si svuota. Invece l'ordine è quello che aiuta ad avere momenti di ripresa. Nell'ordine io ci metto una cosa molto importante che ho sempre praticato come vescovo. Una mezza giornata libera alla settimana, uscendo dalla parrocchia, dal luogo del nostro impegno, in cerca della solitudine e della preghiera. Respirare, dare un calcio a tutte le occupazioni quotidiane. Io andavo nei sentieri di montagna, da solo, camminando; là si respira molto e si torna con qualche idea più chiara. Una stradina di montagna. Dio ci avvolge e sgrana con noi un lento rosario. Il *Padre nostro* al fondo della decina è come un bivacco. Una sosta per ristorarsi e riprendere fiato, prima di ricominciare a salire.

Abbiamo bisogno di bivacchi nel cammino della vita. Quindi l'ordine è molto importante. Non mi sento di lodare quei preti che mi dicono: «Io in settant'anni non ho mai preso un giorno di vacanza». Hanno fatto male, perché bisogna avere qualche giorno di stacco e di riposo ogni tanto, avere dei giorni in cui darsi al silenzio, al raccoglimento, alla preghiera, alla lettura. Gesù stesso lo ha chiesto ai suoi: «Venite in disparte, in un luogo solitario, e riposatevi un po'» (*Marco* 6,31). Solitudine e silenzio sono elementi essenziali alla formazione di uno spirito profondo – o più semplicemente – umano. L'uomo del nostro tempo si ritrova, sovente, a vivere esistenze parallele: una esteriore, in cui appare sicuro di sé, disinvolto, professionalmente serio e comunicativo, ricco di hobby; una interiore, ben nascosta, piena di insicurezze, ansie, inquietudini e dubbi, connotata dall'incapacità di trovare vie d'uscita.

A quanti non intendono rassegnarsi a tale stato di cose e desiderano ricreare unità tra il mondo interiore e quello esteriore, suggerisco un metodo efficace: fare silenzio dentro e intorno a sé per ritrovarsi a tu per tu con la Scrittura, che parla a "tutta" la persona e produce effetti benefici.

Ho sperimentato che – anche in una breve sosta – la Parola è in grado di rigenerare il nostro umore e le nostre energie consumate dalla dispersione. Poche briciole di pane biblico ci nutrono di sapienza, illuminano il sentiero della vita e ci fanno conseguire un maggior equilibrio.

La vita interiore va coltivata e aiutata anche con piccole cose molto concrete.

Un quaderno dove appuntare quotidianamente i propositi, gli stati d'animo, gli eventi, le vittorie e le sconfitte... è uno strumento prezioso per non vivere alla giornata, ma lasciarsi accompagnare da Dio mettendo ai suoi piedi tutto, ma proprio tutto della nostra piccola e povera esistenza.

Disordine negli impegni: un altro aspetto dell'ordine è l'impegno. Chiediamoci: ho un ordine nei miei impegni? Oppure faccio quello che mi viene richiesto come ultima cosa pressato da una telefonata o dall'urgenza? All'inizio non si può essere molto rigidi. Ma poi occorre avere un ordine di priorità, per cui io so che certe cose valgono la pena, mentre altre sono meno importanti.

Quindi mi regolo, senza essere scortese, in maniera da mettere in primo piano le cose che ritengo veramente valide.

Ci vuole ordine nella giornata, ordine negli impegni e, infine, ordine anche negli interessi.

Disordine negli interessi: un prete non può non avere interessi teologici, pastorali, filosofici, culturali... Quindi deve aiutarsi con riviste, con qualche lettura e occasioni di approfondimento come corsi e master. E se non sappiamo cosa leggere rivolgiamoci a chi ci può consigliare.

Avere ordine nei propri interessi è molto molto importante, perché permette di sopravvivere, di perseverare, di andare avanti non riducendo le risorse o le riserve, ma accrescendole. Ancora un'ultima annotazione. Forse non ne avete bisogno (ma qualche volta ce n'è bisogno), ma l'ordine richiede che non mi ritenga pienamente padrone di me quando sono nella notte di fronte al televisore o a internet e sto cercando qua e là. Pensare che sono padrone di me, che posso con decisione interrompere quando voglio è un'illusione. Devo pensarci prima, perché altrimenti si cade nell'assuefazione e si passa da una sollecitazione all'altra, da una curiosità all'altra. Si può pensare: voglio un po' vedere di cosa si nutrono i miei giovani; voglio conoscere i siti e i social network che frequentano abitualmente sul web per capirli di più. Interesse di per sé lodevole. Poi resto anch'io avvinto dalla rete. Bisogna fare molta attenzione a non lasciarsi risucchiare da un vortice di immagini, di realtà virtuali e di provocazioni che annebbiano e tolgono lucidità. La cosa può non aver fine. Bisogna rompere con queste abitudini e avere mezzi efficaci per contenerle. E i mezzi efficaci ci sono.

Un ultimo disordine è quello sulla confessione e lo spiego segnalando due errori frequenti. Primo errore: pensare che una confessione sia più facile se è più rara. No! Una confessione quanto più è frequente, tanto più è facile. Secondo errore: pensare che una confessione sia più efficace quando è più breve; al contrario è più facile quando è un po' più prolungata e articolata; quando non solo ci accusiamo delle colpe formali, ma cominciamo col ringraziamento a Dio e mettiamo sul tavolo anche i nostri disordini, le nostre vanità, le nostre mondanità, le nostre antipatie, le nostre paure, le nostre vigliaccherie e le lasciamo purificare dalla grazia. Questa è una confessione che aiuta molto perché non caratterizzata dalla fretta e dalla superficialità.

Non possiamo fare una lettura completa della *Lettera ai Romani,* ma vi indico quei passi che a mio avviso sono nodali per comprendere lo sviluppo tematico della Lettera. Abbiamo detto che nel capitolo primo si mostra come i peccatori possono essere abbandonati da Dio. L'ira di Dio è il suo allontanamento da noi, il suo progressivo abbandono. Ma Paolo nel capitolo secondo dice: anche gli ebrei, anche noi giudei siamo sotto questa condanna. L'ebreo non è migliore degli altri davanti a Dio: «Ebbene, come mai tu, che insegni agli altri, non insegni a te stesso? Tu che predichi di non rubare, rubi? Tu che proibisci l'adulterio, sei adùltero? Tu che detesti gli idoli, ne derubi i templi? Tu che ti glori della legge, offendi Dio trasgredendo la legge?» (2,21-23). Paolo incalza: «La circoncisione è utile, sì, se osservi la legge; ma se trasgredisci la legge, con la tua circoncisione sei come uno non circonciso» (2,25). Questo secondo capitolo è una requisitoria contro gli ebrei che si vantano di obbedire a precetti rigidi, i quali però non servono se non c'è una vita santa. A conclusione di tutto questo discorso si può allora dire che possono esserci pagani giusti che si salvano e, al contrario, ebrei peccatori che non si salvano.

«Che dunque? Dobbiamo noi ritenerci superiori? Niente affatto! Abbiamo infatti dimostrato precedentemente che Giudei e Greci, tutti, sono sotto il dominio del peccato» (3, 9). C'è poi una lunghissima citazione biblica per dire che siamo tutti universalmente peccatori:

«Giudei e Greci, tutti, sono sotto il dominio del peccato, come sta scritto:
Non c'è nessun giusto, nemmeno uno,
non c'è sapiente, non c'è chi cerchi Dio!
Tutti hanno traviato e si son pervertiti;
non c'è chi compia il bene, non ce n'è neppure uno.
La loro gola è un sepolcro spalancato,
tramano inganni con la loro lingua,
veleno di serpenti è sotto le loro labbra,
la loro bocca è piena di maledizione e di amarezza.
I loro piedi corrono a versare il sangue;
strage e rovina è sul loro cammino
e la via della pace non conoscono.
Non c'è timore di Dio davanti ai loro occhi».
(*Romani* 3, 9-18)

È un giudizio negativo, molto pessimista.

Di fronte a questo giudizio negativo appare nella sua vera luce la bontà di Dio e la verità di Dio. Solo quando si accetta di non negare la negatività nell'esperienza umana e nel corso dei secoli, si è in grado di cogliere l'opera di Dio e, allora, di ridimensionare il giudizio e di soppesare con umiltà e con misura il senso della Storia. Questo è detto al capitolo terzo: «Ora invece, indipendentemente dalla legge, si è manifestata la giustizia di Dio, testimoniata dalla legge e dai profeti; giustizia di Dio per mezzo della fede in Gesù Cristo, per tutti quelli che credono. E non c'è distinzione: tutti hanno peccato e sono privi della gloria di Dio, ma sono giustificati gratuitamente per la sua grazia, in virtù della redenzione realizzata da Cristo Gesù» (*Romani* 3,21-24). La concezione di Paolo è chiara: l'umanità senza Gesù Cristo va verso la rovina e la trasgressione crescente. È Gesù che salva. Gesù, con la sua risurrezione, è la forza che fa arretrare il Male nella Storia facendola riemergere dal buio di un buco nero verso la luce della verità. Questo è il tema che Paolo svolgerà nei capitoli seguenti. È naturale, come dice Paolo, che in questa salvezza che viene da Gesù sia abolito ogni vanto umano. Nessuno può vantarsi, perché è solo Gesù che ci ha salvato. Questo valeva per gli ebrei e i pagani del tempo di Paolo e vale per tutti i secoli. Esso è stato anche uno dei cavalli di battaglia della Riforma. Lutero si è appoggiato fortemente su questi passi perché pensava di vedere nella gente la fiducia nelle proprie opere. Oggi non è più così. Ma la sostanza rimane, e la sostanza potremmo dire è questa: che il peccato fondamentale dell'uomo consiste sempre nel vanto di sé, nella persuasione di essere capace di salvarsi da sé, invece di dare a Dio la gloria che gli spetta. C'è un germe di infelicità che rode il cuore umano depravato, è la grazia di Dio sempre all'opera per salvare un'anima persa. Dio solo, con la sua grazia, attraverso le prove, le umiliazioni, le sofferenze ci fa giungere alla chiarezza che egli solo opera. Anche se rimane sempre in noi la tendenza a dire: «Però qualcosa di buono l'ho fatto anch'io». La chiarezza che viene dalla fede è che Dio mi ama e mi salva. Acquisire questa consapevolezza significa ritrovare respiro, slancio, vitalità; significa uscire dalla brodaglia del disordine, della concupiscenza e del peccato. Dio mi ama e mi salva: questa è la percezione fondamentale di san Paolo, che viene descritta soprattutto nel capitolo terzo: «Tutti hanno peccato e sono privi della gloria di Dio, ma sono giustificati gratuitamente per la sua grazia, in virtù della redenzione realizzata da Cristo Gesù» (*Romani* 3,23-24). Questo ci mostra che per noi Gesù è tutto; Gesù è la filigrana della nostra esistenza.

Dopo aver espresso in sintesi il tema fondamentale della salvezza, Paolo esprime ciò che ne consegue, cioè l'esclusione di ogni vanto: «Dove sta dunque il vanto? Esso è stato escluso! Da quale legge? Da quella delle opere? No, ma dalla legge della fede. Noi riteniamo, infatti, che l'uomo è giustificato per la fede indipendentemente dalle opere della legge» (*Romani* 3,27-28). Questa è un'affermazione che sembra ridurre a nulla tutta l'opera umana e mettere tutto quanto in secondo piano rispetto alla grazia di Dio. Provo a tirare qualche conclusione: vanto, orgoglio, superbia e idolatria di sé sono vizi tipici dell'uomo; sono atteggiamenti innati in ciascuno di noi e sono attitudini negative di cui ci parla spesso anche la Scrittura. Per esempio, viene stigmatizzato il vanto di coloro che credono di fare molti proseliti, ma lo fanno per vanagloria: «Infatti neanche gli stessi circoncisi osservano la legge, ma vogliono la vostra circoncisione per trarre vanto dalla vostra carne» (*Galati* 6,13). L'orgoglio e la smania di riconoscimento sono spesso presenti in gruppi che, portando gente a ingrossare le file dei fedeli, ritengono di contare di più e di avere più potere. Questo difetto grave è molto diffuso anche nella Chiesa di oggi.

Nella Scrittura viene stigmatizzata anche la superbia degli etnico-cristiani, cioè dei pagani convertiti al cristianesimo, nei confronti dei giudei non cristiani. Tutti i casi vengono esaminati e, per così dire, scandagliati: «Se le primizie sono sante, lo sarà anche tutta la pasta; se è santa la radice, lo saranno anche i rami. Se però alcuni rami sono stati tagliati e tu, essendo oleastro, sei stato innestato al loro posto, diventando così partecipe della radice e della linfa dell'olivo, non menar tanto vanto contro i rami!

Se ti vuoi proprio vantare, sappi che non sei tu che porti la radice, ma è la radice che porta te» (*Romani* 11, 16-18). Quindi anche coloro che sono stati battezzati non ebrei non possono aver nulla da dire contro gli ebrei. Un altro esempio è la falsa pretesa dei credenti (cfr. *1 Corinzi* 4, 7). «Però noi abbiamo questo tesoro in vasi di creta perché appaia che questa potenza straordinaria viene da Dio e non da noi». Questo denota quanto è diffuso nella società, nella Chiesa, ma anche tra noi cristiani il vizio della vanità. Il vizio è per così dire onnicomprensivo. Dobbiamo difenderci da esso e l'unica difesa è riconoscere davanti a Dio che siamo così: che aspiriamo al successo, che ci piace di più l'applauso del fischio, che ci interessa di più l'accoglienza della resistenza e, quando ci accade di raccogliere consensi, li attribuiamo alle nostre capacità e non siamo capaci di goderne perché il Signore è glorificato e lodato in queste cose. Qui potrei aggiungere, allargando il discorso, che grande è la vanità nella Chiesa. Grande vanità che si mostra negli abiti. Un tempo, i cardinali avevano sei metri di coda di seta che veniva trascinata da due o quattro ragazzini. La Chiesa ha questa tendenza allo sfarzo, che in parte può anche essere giustificato dal voler richiamare la bellezza di Dio, ma poi facilmente diventa una stortura e un peccato terribile.

Un'altra grave conseguenza della idolatria di sé

nel clero è l'ambizione di carriera. Ciascuno vuole essere un po' di più e allora ne deriva una certa inconscia censura delle parole. Certe cose non si dicono, perché si sa che vengono notate e bloccano l'ascesa e il riconoscimento. Questo è un male gravissimo nella Chiesa ordinata secondo le gerarchie. Impedisce di dire la verità, perché si cerca di dire ciò che piace al superiore, si cerca di agire secondo quello che si immagina essere il suo desiderio. Si fa così un grande disservizio ai superiori, al Papa stesso. Bisogna parlare e agire sempre secondo verità e coscienza. Invece, non sono rari i gruppi di persone che s'impegnano a fare solo ciò che piace ai superiori.

Il conformismo a scapito della verità porta gravi conseguenze nella Chiesa. Ci sono talvolta preti che si propongono di diventare vescovi, e ci riescono. I vescovi non devono però avere timore a esprimere chiaramente i loro pensieri, perché se parlano sanno che forse non saranno promossi a una sede maggiore. Talvolta i vescovi non parlano, perché così bloccherebbero la loro eventuale candidatura al cardinalato. Questo carrierismo implicito fa un grande male alla Chiesa. Dobbiamo chiedere il dono della santa libertà, anche perché chi è libero partecipa alle sofferenze di Cristo. Come dice bene il Papa nel suo libro su Gesù «il profeta è sempre perdente». Il profeta è sempre incompreso e sofferente. Bisogna accettare anche questo. Qualche volta si è vincenti, ma per lo più si è perdenti e quindi questa vanità di cui parla san Paolo è un elemento corrosivo anche nella Chiesa. Con ciò non dico di bandire la misura nel parlare e la delicatezza nell'esposizione dei concetti, ma non si può sacrificare la verità al quieto vivere e alle apparenze. La lotta di Paolo non è perciò limitata al suo tempo. Essa è valida per ogni tempo. In ogni tempo noi siamo chiamati all'autenticità, a essere trasparenti davanti a Dio, a dire la verità, magari anche a tacerla qualche volta se non è accettata, ma mai dovremmo lasciarci prendere dalla adulazione. In questo siamo abilissimi, talvolta non lo confessiamo neanche a noi stessi. Siamo preda, come ho già ricordato, degli *idola fori* e degli *idola theatri*. Ci vuole abbondante grazia di Dio per sfilarsi dalla rete insidiosa di questi idoli, ma chi ne esce è libero. E l'anima di ogni creatura umana è chiamata alla libertà. Usciremo a poco a poco dalla nube di questi capitoli così profondi e densi di significato, ma l'uscita dalla nube ci condurrà a viaggiare più leggeri e ad ascendere alla vetta della libertà e della verità che è Gesù.

La libertà interiore si nutre anche di una sana vigilanza su di sé. È un richiamo di Paolo negli *Atti degli Apostoli*: «Vegliate su voi stessi e su tutto il gregge» (20,28). A volte noi prendiamo questa parola in senso contrario: «Vegliate sul gregge e, se potete, anche su voi stessi». La nostra persona è la prima su cui vegliare, perché dall'atteggiamento di cura e di rispetto verso se stessi dipende la capacità di amare ogni pecora del gregge. Molte volte ho ripetuto ai parroci questo ritornello: «Voi potete rendere triste o lieta la vostra comunità. Se avete la faccia triste tutti sono preoccupati e si domandano: chissà di che cosa soffre il parroco? Se avete la faccia lieta, tutti saranno contagiati dalla vostra letizia». Quindi c'è un vegliare su di sé che è comunicativo, che è soprattutto proprio di coloro che hanno responsabilità verso gli altri. Pensando a un Superiore di comunità ho avuto questo semplice pensiero: primo ufficio di un rettore è conservare il buon umore. A questo impegno ne seguono altri. Allo stesso modo, primo dovere di un vescovo è quello di conservare cordialità e buon umore, pacatezza ed equilibrio in ogni frangente. Da questi atteggiamenti scaturisce un'infinità di doni semplici e preziosi per la gente. Al contrario, vedere il parroco, il vescovo, i superiori perennemente arrabbiati, irritati, preoccupati, produce sulla gente sentimenti di ansia e di preoccupazione. Si racconta di quel vescovo a cui si disse: «Lei dovrebbe sorridere un po' di più»; allora prese il suo taccuino e annotò: «Ecco un'altra cosa in più che devo fare». Il sorriso, a dire la verità, è il primo dovere di un vescovo.

«Vegliate su voi stessi e su tutto il gregge» in mezzo al quale lo Spirito santo vi ha posto come vescovi. E voi vescovi dovete sorvegliare, guardare e saper cogliere l'insieme. La pecora vede il breve tratto di strada che le sta davanti. Il pastore vede il cammino da percorrere e ha uno sguardo totale su tutto il gregge, uno sguardo che spazia su vasti orizzonti. Occorre una particolare grazia dello Spirito per esser capaci di andare oltre i limiti angusti dell'oggi. Occorre avere uno sguardo profetico per aiutare la gente a orientarsi. Quando la gente percepisce in noi questo sguardo che va oltre, più lontano, allora ci segue.

Paolo poi – sempre in quest'episodio degli *Atti degli Apostoli* – mette in guardia dalle "dottrine perverse", una sorta di avvertimento che pare tingersi di pessimismo: «Perfino di mezzo a voi sorgeranno alcuni a insegnare dottrine perverse per attirare discepoli dietro di sé» (20,30). Ci domandiamo: quali sono queste dottrine perverse? In genere, nella Chiesa primitiva, le dottrine perverse non erano considerate quelle che rendevano più facile l'osservanza della Legge, ma quelle che indebitamente la rendevano più severa e rigida, proibendo per esempio il matrimonio o esigendo l'astensione da certi cibi. Per noi oggi una dottrina perversa è quella in cui si prendono le cose con superficialità, ma una dottrina ancora più perversa è quella che esagera le esigenze della santità, è quella che impone atti di ascesi e di devozione assurdi, quasi eroici, sulle spalle della povera gente. Il popolo tende a seguire queste dottrine perverse perché vuole la salvezza. Paolo invece predica la dottrina del Dio che salva, del Dio che viene incontro. I pastori non devono imporre restrizioni assurde, ma affidare il popolo dei fedeli al Signore e alla sua Parola. Solo la Parola di Dio ha il potere di edificare e salvare. È una Parola forte, pur nella sua dolcezza. Così scrivevano i Padri del deserto: «La natura dell'acqua è molle, mentre quella della pietra è dura. Ma se da una minuscola sorgente gocciola un po' d'acqua sulla pietra, giorno dopo giorno, goccia dopo goccia, l'acqua scava un foro nelle profondità della roccia e ne modifica la forma. Anche la Parola della Scrittura è dolce e soave, mentre il nostro cuore è duro ed egoista. Tuttavia, se l'uomo legge spesso la Scrittura, giorno dopo giorno, versetto dopo versetto, la Parola di Dio scava in profondità, e trasforma il nostro cuore di pietra in un cuore di carne».

Se vi attaccate a questa Parola non verrete meno, non dovrete lamentarvi di essere confusi, perché la Parola vi guiderà. Infine, mi colpisce molto questa emozione profonda che prende la comunità: tutti si inginocchiano, pregano, piangono, si buttano al collo di Paolo. Io ho avuto l'esperienza di come la gente può amare il vescovo, di come la gente può rallegrarsi nel vederlo gioire, esprimere i propri sentimenti, anche con abbracci e baci, anche dopo anni di lontananza in cui non si sono viste le persone. Nella Chiesa c'è l'amore. E non dobbiamo aver paura nella nostra rete di relazioni, dei sentimenti, delle dimostrazioni di affetto e di amicizia. Abbiamo detto che c'è l'invidia, c'è la vanità, ma c'è anche l'amore vero, un amore disinteressato, un amore che non si affievolisce col tempo, un amore che riempie il cuore di serenità, di gioia e di pace. Quindi ringraziamo ogni giorno il Signore, perché ci ha inseriti in questa corrente di amore che nasce dal suo cuore e si esprime in tutta la comunità.

Nei primi capitoli della *Lettera ai Romani*, siamo rimasti a lungo nella nube carica di elettricità, di grandine, di fulmini, di tuoni. Questa nube ha annunciato il peccato dei pagani. Poi ha dichiarato che anche gli ebrei possono essere peccatori. Infine l'amara conclusione che «non c'è distinzione: tutti hanno peccato e sono privi della gloria di Dio» (3, 22-23). Questa gloria viene restituita in Gesù, nel capitolo quarto. Questa dura affermazione non contraddice la Scrittura. Già in Abramo si trova prefigurata la Legge non della carne o di Mosè, ma la Legge che poi sarà chiamata Legge dello Spirito. Così alla fine del capitolo quarto si esce dalla nube.

Il capitolo quinto mi sembra debba essere letto in unità con tutto il capitolo ottavo: abbiamo la giustificazione, abbiamo la pace con Dio, ci vantiamo delle tribolazioni. Questo è affermato all'inizio del capitolo quinto, grazie al sacrificio di Cristo. Poi, come in una lunga digressione, Paolo espone come il peccato e la morte sono vinti, in particolare in virtù del Battesimo. Nel capitolo ottavo Paolo torna infine a ribadire la grandiosità del mistero cristiano. Dunque, i due passi più importanti sono nel capitolo quinto – i primi undici versetti – e poi nel capitolo ottavo. Vorrei esporvi brevemente il contenuto di questo capitolo, notando che questa uscita dalla nube all'inizio del capitolo quinto è anche resa chiara non solo dalle parole «giustificati dunque per la fede noi siamo in pace con Dio» (*Romani* 5,1), ma anche nella continua ricorrenza della parola *fede* (ricorre 47 volte nella Lettera) e della parola *vita* (che ricorre 20 volte). Il senso di questa vita viene espresso in vari modi, che non è facile sintetizzare. Io sintetizzerei così: ci sono due grandi tesi, la prima al versetto 2 e la seconda tesi al versetto 14 del capitolo ottavo. La prima tesi si esprime così: «La legge dello Spirito che dà vita in Cristo Gesù ti ha liberato dalla legge del peccato e della morte» (*Romani* 8,2). Questo assioma viene provato nei versetti seguenti, ricordando che il Figlio con la sua vita ci ha dato questo e ricordando anche le conseguenze di questa vita non secondo la carne ma secondo lo Spirito (nei versetti da 5,5 a 5,11).

Vi sono come cinque contrasti, con il "sì" e con il

"no". Quelli che vivono secondo la carne pensano le cose della carne, quelli che vivono secondo lo Spirito riflettono le cose dello Spirito. Ma i desideri della carne portano alla morte, i desideri dello Spirito alla vita e alla pace. Ci sono dunque cinque grandi contrapposizioni che mostrano la ricchezza di questa vita secondo lo Spirito. La conclusione è al versetto 12: «Così dunque fratelli, noi siamo debitori, ma non verso la carne per vivere secondo la carne; poiché se vivete secondo la carne, voi morirete; se invece con l'aiuto dello Spirito voi fate morire le opere del corpo, vivrete» (*Romani* 8,12). Ma questo cosa significa in pratica? Viene spiegato nella seconda parte del capitolo, che è la più densa e la più bella. Essa va dal versetto 14 fino alla fine, e si può dividere in tre parti. Anzitutto come premessa la tesi: «Tutti quelli infatti che sono guidati dallo Spirito di Dio, costoro sono figli di Dio» (*Romani* 8,14). Lo Spirito viene poi descritto come Spirito filiale (versetti da 15 a 17), poi come Spirito di speranza (versetti da 18 a 25) e poi come Spirito di preghiera (versetti 26 e 27). Quindi figliolanza, speranza, preghiera. Poi la grande conclusione, dal versetto 28 in avanti, dove tutto viene riportato al disegno di Dio che santifica i suoi eletti e li chiama a essere con sé per l'eternità. Ci sarebbero molte cose da dire su questo capitolo. Io vorrei fermarmi soltanto su quel versetto che dice: «Lo Spirito viene in aiuto alla nostra debolezza, perché nemmeno sappiamo che cosa sia conveniente domandare» (*Romani* 8,26). Io finora interpretavo queste parole in maniera molto semplice, cioè non sappiamo pregare: è vero, abbiamo il *Padre nostro*, però malgrado questo sovente non sappiamo pregare. Ritengo che la preghiera che lo Spirito santo ci suggerisce, venendoci in aiuto, non sia soltanto pregare un po' meglio, con un po' più di attenzione, con meno distrazioni. È in realtà uno stile di preghiera aperto all'eternità, aperto alla grandezza del regno di Dio, aperto alla gioia del regno. Questa è una grande grazia. La preghiera più autentica e più completa, secondo la Bibbia, è la contemplazione libera e spontanea di Dio, è la lode della sua grandezza, non si domanda nulla a Dio né lo si ringrazia per un motivo concreto, lo si esalta per il solo fatto di esistere.

Noi non abbiamo molto l'idea della gioia del regno, e quindi quando diciamo: «Signore aspettiamo il tuo ritorno, vieni Signore Gesù», sotto sotto pensiamo «il più tardi possibile». Non abbiamo un'idea chiara di ciò che ci attende. Invece lo Spirito è quello che, a poco a poco, ci fa capire la grandezza di questo regno e quindi la nostra preghiera di intercessione non è soltanto una piccola richiesta di aiuto, ma è una grande preghiera che chiede l'avvento del regno di Dio per tutti. Noi preghiamo «Venga il tuo regno» in noi e intorno a noi. È necessario porre il regno dei Cieli al primo posto nella gerarchia dei nostri valori. Allora tutto viene utilizzato da noi per raggiungere quel fine, il resto è un "sovrappiù". Dio è ricco di grazia per chi lo cerca con cuore sincero. Bisogna farne esperienza. È necessario prendere coscienza che già ora Egli ci sta dando il sovrappiù, anche se il regno non è ancora per noi una priorità.

Quindi è lo Spirito santo quello che può dare ossigeno, respiro, larghezza alla nostra preghiera. Lo spirito di ogni uomo è la propria essenza, piena e immortale, se radicata nel vero Spirito.

Colui che sa percepire lo Spirito santo al lavoro dentro sé e intorno a sé riporta a vera unità ogni evento che nel tempo pare disperso nella molteplicità.

IL MISTERO DI ISRAELE

Il problema ebraico nella *Lettera ai Romani*

«Spirito santo, Dio, noi ci rimettiamo spiritualmente nella Sala del Cenacolo. Attendiamo la Tua discesa su di noi. Sappiamo che Tu sei sempre presente nella Chiesa e quindi pronto a donarti, perché sei dono. Ti ringraziamo per i doni grandi con cui ci hai sostenuto in tutta la nostra vita e Ti chiediamo di espanderti su tutta l'umanità. Tu sei il principio di ogni riflessione, di ogni azione, Tu sei l'origine di tutto l'amore. Fa' che riconosciamo questa origine dell'amore in noi e che la sappiamo esprimere nella nostra quotidianità.»

Tratteremo ora i capitoli da nove a undici della *Lettera ai Romani*. Sarebbe stato bello fermarsi più a lungo sul capitolo ottavo, perché è ricco di speranza di futuro, di comprensione del mistero della storia. Mi pareva importante anche approfondire *Romani* 9, 11. Sono capitoli che si commentano di rado. Come titolo a questa meditazione si potrebbe dare quello che san Paolo stesso designa al termine del capitolo decimo, *Il mistero di Israele*. C'è anche un libro di Maritain con questo titolo. Noi ci mettiamo in sintonia con Gesù, ebreo, figlio di ebrei, di tradizione ebraica; ci mettiamo in comunione con tutte le preghiere che si svolgono a Gerusalemme. Ogni sera prima dello Shabbat la città è tutta una preghiera. Ricordiamo le sofferenze inaudite del popolo ebraico in questi duemila anni e ci mettiamo in comune con le loro speranze.

Non intendo spiegare esegeticamente i tre capitoli (9, 10 e 11), che sono assai complessi. Affronterò invece il tema del Gesù ebreo lasciandomi ispirare dai testi e facendomi alcune domande. San Paolo affronta il problema ebraico nella *Lettera ai Romani,* e lo discute in maniera ampia: quattro capitoli su sedici. Perciò una meditazione che abbia come base la *Lettera ai Romani* non può prescindere da questo nodo.

Inoltre, Paolo sa che questo problema fa parte della sua conoscenza del Mistero di Dio. Quindi deve in qualche modo essere presente a tutti coloro che avanzano in tale conoscenza. Non si può conoscere Dio e Cristo senza avere una qualche intuizione del problema ebraico.

Aggiungerei un argomento di attualità. Ogni dialogo religioso e interculturale può essere molto aiutato da una retta impostazione del dialogo con l'ebraismo.

Il dialogo interreligioso suppone che le altre religioni abbiano una qualche rivelazione. Allora trattare dell'ebraismo, che ha certamente una rivelazione, ci dà delle linee di comportamento per trattare anche con altre religioni. Se ne può poi trarre un indubbio vantaggio nel campo interculturale. L'ebraismo è infatti una cultura formidabile: l'arte è povera e senza eccessi, non ha monumenti, non ha marmi. Tutto è fatto di piccoli oggettini, che si vendono anche nei suk di Gerusalemme. Ma è una cultura di altissimo livello. Se pensiamo a quanto essa ha contribuito alla cultura europea negli ultimi due secoli ne siamo quasi spaventati e sorpresi: da Sigmund Freud a Thomas Mann, da Mahler a Hans Jonas, da Martin Buber a Ernst Bloch, da Rosenzweig fino a Lévinas, e poi Kafka ed Elias Canetti, Carlo Marx, e poi ancora Benjamin e Simone Weil. Noi dobbiamo capire quanto della nostra cultura europea ha radici ebraiche. Il dialogo interculturale deve poggiarsi anzitutto sulla conoscenza delle origini della nostra cultura.

Nel dialogo con l'ebraismo c'è una specie di pregiudiziale da parte degli ebrei. Essi non vogliono entrare nel discorso teologico. Dicono che loro non hanno teologia, non osano affrontare il tema di Dio. Parlano dell'antisemitismo: ho detto molte volte che non basta aborrire l'antisemitismo, non basta essere anti antisemiti, ma bisogna amare il popolo ebraico. Amarlo con le sue tradizioni, i suoi romanzi, la sua letteratura, la sua musica, la sua poesia, la sua cultura religiosa, le sue tradizioni, i suoi libri sacri, la sua storia. È un popolo formidabile, che ha attraversato vicende uniche nella storia. Come Paolo ha parlato di questo problema? Ne ha parlato ragionando, riflettendo oppure è partito da una forte esperienza affettiva? È chiaro che è vero il secondo di questi due aspetti del dilemma, Paolo lo dice chiaramente in *Romani* 9, 2: «Ho nel cuore un grande dolore e una sofferenza continua». Paolo parte da questo dolore vissuto e cerca delle soluzioni. Paolo si pone domande imbarazzanti: come è possibile che una gran parte del mio popolo non abbia riconosciuto il Messia? ...e come è possibile che Dio sia fedele alle sue promesse se questo popolo non lo riconosce? ...come è possibile che oggi esso viva religiosamente avendo rifiutato il Messia? Paolo sente questi interrogativi come parte del mistero di Cristo e del mistero di Israele e si sforza di dare risposte, a sé e agli altri, partendo non da un ragionamento ma da una esperienza affettiva. Cercando di partire dal cuore, egli elabora un pensiero acuto e intuitivo. Mi preme farvi notare che Paolo c'insegna uno stile di discernimento: non rifletteremo mai con intelligenza senza una forte componente emotiva. Paolo ha trattato il problema in maniera organica e sistematica? Alcuni direbbero di sì. Io non oso dire tanto, perché questi quattro capitoli sono una serie di tentativi, di flash e non proprio un discorso organico. Quindi Paolo aggiunge pezzi di pensiero in una riflessione mai terminata. Inoltre, dobbiamo riconoscere che altri libri del Nuovo Testamento vanno in altra direzione. Paolo era certamente acerrimo nemico di alcuni giudei e li descrive in forme veramente umilianti nella *prima Lettera ai Tessalonicesi*: «Voi infatti, fratelli, siete diventati imitatori delle Chiese di Dio in Gesù Cristo, che sono nella Giudea, perché avete sofferto anche voi da parte dei vostri connazionali come loro da parte dei Giudei, i quali hanno perfino messo a morte il Signore Gesù e i profeti e hanno perseguitato anche noi; essi non piacciono a Dio e sono nemici di tutti gli uomini, impedendo a noi di predicare ai pagani perché possano essere salvati. In tal modo essi colmano la misura dei loro peccati! Ma ormai l'ira è arrivata al colmo sul loro capo» (2, 14-16). Paolo sente questi giudizi però ha insieme un affetto viscerale che lo porta a cercare di capire che cosa è avvenuto e come, pur respingendo Gesù, i suoi fratelli sono amati da Dio. Non esiste un'unica soluzione teologica a questo problema. Il vangelo di *Matteo* va in altro senso, quando Gesù ammonisce nella fine della parabola del capitolo 21: «"Perciò io vi dico: vi sarà tolto il regno di Dio e sarà dato a un popolo che lo farà fruttificare. Chi cadrà sopra questa pietra sarà sfracellato; e qualora essa cada su qualcuno, lo stritolerà". Udite queste parabole, i sommi sacerdoti e i farisei capirono che parlava di loro e cercavano di catturarlo» (21,43-45).

Noi però ci occupiamo qui di Paolo nei capitoli centrali della *Lettera ai Romani,* dall'ottavo all'undicesimo. Potremmo dire ancora che il problema ebraico non è un problema solo del tempo di Paolo, ma è un problema perenne. È un problema che perdura fino a oggi. Si tratta in particolare per un cristiano di rispondere alla domanda: «Qual è il significato religioso dell'ebraismo come culto, come religione e quale atteggiamento assumere di fronte ad esso? Bisogna soltanto tollerare, rispettare, attendere che vengano tempi migliori oppure valutare anche positivamente questo atteggiamento?». Paolo non prende posizione definitiva su tutti questi punti ma fa notare che i doni di Dio rimangono per l'eternità. Quindi uno potrebbe chiedersi se rimangono soltanto per gli ebrei che si convertono a Gesù oppure per tutti gli ebrei indistintamente che vivono in buona fede la loro religiosità. Sembra che la soluzione più accettabile sia che tali doni rimangano offerti a tutti gli ebrei. Qual è dunque lo scopo di Paolo nello scrivere questi quattro capitoli? Paolo vuole difendere Dio dall'accusa di essere ingiusto e dall'accusa di non mantenere le sue promesse. I profeti avevano parlato di grandi adesioni di massa e invece esse non si vedono: Paolo vuol mostrare che anche se molti ebrei fino ad allora non hanno accettato Gesù, tuttavia Dio non è stato infedele alle sue promesse. Anche un "piccolo resto" di popolo può bastare per giustificare le promesse di Dio. Ma allora ecco che la domanda incalza: che senso ha questa religiosità ebraica vissuta dopo Cristo? Questo è un problema molto complesso e difficile. Tanto più che la religiosità ebraica ha preso un indirizzo particolare, cioè quello rabbinico, tra i tanti che poteva prendere. Non sono state sviluppate quelle linee che compongono anche l'Antico Testamento, come la linea regale o la linea profetica. In questo ha giocato probabilmente anche un certo complesso anticristiano. Non si può negare che i primi persecutori dei cristiani sono stati gli ebrei, che sempre sono stati avversari dichiarati del cristianesimo.

Dunque che cosa pensare di questa religiosità? Mi pare che oggi la tendenza più comune, anche nel cristianesimo, sia di pensare che essa ha un grande valore e una sua legittimità. C'è una frase molto forte nel Documento della Commissione biblica *Le Scritture ebraiche nella Scrittura cristiana.* Si dice che se anche l'ebraismo non ha dato un'interpretazione messianica alla figura di Gesù, però ha dato un'interpretazione in qualche modo legittima. Quindi è utile conoscerla. Ci sono opere di esegeti ebrei molto belle, molto acute, dove si può trovare molto, perché hanno approfondito le parole e i gesti della Bibbia. Quindi la religiosità ebraica è una religiosità che ha una sua assoluta legittimità. Gli ebrei sono dei formidabili adoratori del nome di Dio, pur non pronunciandolo mai, e noi ci rallegriamo che ci siano tanti adoratori del nome. Se andate a Gerusalemme vedete la molteplicità delle espressioni religiose e tradizioni ebraiche, dalle più occidentalizzate a quelle più ortodosse: penso agli ebrei ultra-ortodossi con le trecce, con il colbacco della Russia... Ebbene essi onorano Dio e quindi vanno rispettati perché amano Dio con tutto il cuore e lo pregano, sia pure a modo loro, in sincerità di cuore. Io non saprei pregare così, perché pregano leggendo velocissimamente i Salmi. Ricordo una volta, andando in Sinagoga, quanta fatica facevo a leggere e a girare le pagine per trovare il punto. Gli ebrei praticano la preghiera litanica, o di ripetizione, leggendo formule per rendere omaggio a Dio. Non è necessario capire con la mente, ma onorare il divino con il cuore e il corpo. Del resto è un po' come per la "preghiera di Gesù", detta anche "preghiera del cuore", praticata dai cristiani ortodossi. È una tecnica che consiste nel ripetere mentalmente e a lungo, la seguente formula: «Signore Gesù Cristo, figlio di Dio, abbi pietà di me peccatore». Sono stato al Monte Athos per una settimana in un monastero molto osservante: ci si alzava alle due, si faceva un'ora di "preghiera di Gesù", in camera, al buio. Poi alle tre si andava in coro fino alle nove. Però nel coro non era che tutti ripetessero la stessa cosa, bastava che qualcuno recitasse il Salmo, mentre gli altri facevano delle prostrazioni o dormicchiavano. Quindi c'era una certa libertà. E anche questa è religiosità. L'ebraismo è una religione che ha fatto fiorire in sé un'etica molto seria su cui ci si può incontrare, anche se le condizioni politiche attuali non hanno molto aiutato a sviluppare il senso del perdono e della misericordia. Eppure, anche su questo fronte, ci sono esempi mirabili che molti di voi conoscono. Ad esempio: le famiglie che hanno un lutto in casa per la violenza (una figlia uccisa dai terroristi, un figlio ucciso in guerra...) e invece di crogiolarsi nel desiderio di vendetta si sono domandati: «Se io soffro così tanto, quanto soffrirà l'altro, palestinese o ebreo, che ha subìto una perdita simile alla mia?». Si sono cercati, si parlano, si incontrano, si ritrovano. Cercano di tessere una tela di comprensione e di riparazione. Questa è una cosa meravigliosa, è vangelo purissimo. Ci sono perle preziose e speciali in seno all'ebraismo, luogo di preghiera, luogo di carità, luogo di perdono.

Ancora una questione: gli ebrei di oggi sono interessati al cristianesimo? Si interessano di quel Yehoshua ben-Yosef, Gesù figlio di Giuseppe, che camminò predicando per le strade dell'antica Palestina? Per molto tempo se ne sono disinteressati, l'hanno disprezzato. Gesù è per molti di loro un illuso. Hanno nella loro tradizione molti esempi di

Messia fantasiosi e strani. C'è per esempio nelle strade di Gerusalemme la fotografia di uno che si dichiara Messia, un americano. C'è stato un Messia nel 1700 che ha avuto molto successo, poi si è fatto musulmano. Quindi loro hanno avuto buon gioco nel dire: «Vedete quanti Messia?».

Per cui non c'è mai stato molto interesse per Gesù. Oggi si è fortemente accresciuto. Forse anche perché vedono il loro isolamento, hanno bisogno di essere riconosciuti e quindi a loro volta di conoscere e di amare. Quindi leggono su Gesù Cristo. Un mio libro è stato tradotto in ebraico e viene venduto nelle biblioteche ebraiche; il titolo è *Verso Gerusalemme*. A una Messa in ebraico che celebravo ogni settimana all'Istituto Biblico partecipavano alcuni studenti dell'Università. Noi demmo il permesso dopo esserci assicurati che ci fosse un'istruzione sul cattolicesimo e sull'eucaristia. Mi ricordo che ci si aspettava una decina di persone e ne vennero un centinaio. Nell'ebraismo si sta diffondendo un qualche desiderio di conoscere Gesù. Perciò tocca a noi mostrarne la bellezza e farla amare.

In conclusione non si può dire che la prima Alleanza sia stata sostituita da un'altra. La prima Alleanza continua e si allarga. La *Lettera ai Romani* è molto esplicita sulla permanenza dei doni di Dio. La *Lettera agli Ebrei* dice: «Avendo infatti la legge solo un'ombra dei beni futuri e non la realtà stessa delle cose, non ha il potere di condurre alla perfezione, per mezzo di quei sacrifici che si offrono continuamente di anno in anno, coloro che si accostano a Dio. Altrimenti non si sarebbe forse cessato di offrirli, dal momento che i fedeli, purificati una volta per tutte, non avrebbero ormai più alcuna coscienza dei peccati?» (10, 1-2). Ancora nel capitolo decimo, versetto 13, viene detto: «Dicendo però alleanza nuova, Dio ha dichiarato antiquata la prima; ora, ciò che diventa antico e invecchia, è prossimo a sparire» (10, 13). Però la *Lettera agli Ebrei* non è molto favorevole a una perseveranza dell'Alleanza. Vorrei concludere, come conclude san Paolo che, dopo aver tentato in tutti i modi di salvare la giustizia di Dio, la sua fedeltà alle promesse, e insieme salvare il suo popolo, ha due visioni mistiche, la prima che il popolo ebraico si convertirà. «Non voglio infatti che ignoriate, fratelli, questo mistero, perché non siate presuntuosi: l'indurimento di una parte di Israele è in atto fino a che saranno entrate tutte le genti» (*Romani* 11, 25). Allora tutto Israele sarà salvato come sta scritto: «Da Sion uscirà il liberatore, egli toglierà le empietà da Giacobbe. Sarà questa la mia alleanza con loro quando distruggerò i loro peccati» (*Romani* 11, 26-27). Questo avverrà prima del ritorno di Cristo o dopo il ritorno di Cristo? Paolo non lo dice ma dice che «i doni e la chiamata di Dio sono irrevocabili» (*Romani* 11, 29).

La seconda conclusione è una visione d'insieme della storia umana, partendo da quella prima domanda che ci siamo fatti all'inizio: c'è più male o c'è più bene nel mondo? Paolo dice: «O profondità della ricchezza, della sapienza e della scienza di Dio! Quanto sono imperscrutabili i suoi giudizi e inaccessibili le sue vie! Infatti, chi mai ha potuto conoscere il pensiero del Signore? O chi mai è stato suo consigliere? O chi gli ha dato qualcosa per primo, sì che abbia a riceverne il contraccambio? Poiché da lui, grazie a lui e per lui sono tutte le cose. A lui la gloria nei secoli. Amen» (*Romani* 11,33-36).

LA FORZA DEL BENE

Culto spirituale e carità nella *Lettera ai Romani*

> «Sono servo di Gesù Cristo, sono di Gesù e lo amo e questa è la mia caratteristica, la mia costituzione, la mia essenza. Amen.»

Affrontiamo ora la parte esortativa (parenetica) della *Lettera ai Romani*. Mediteremo oggi in particolare sul capitolo dodicesimo, quello che comincia con le parole: «Vi esorto dunque fratelli per la Misericordia di Dio a offrire i vostri corpi come sacrificio vivente santo e gradito a Dio. È questo il vostro culto spirituale» (12,1). San Paolo pone tutta la sua esortazione sotto un profilo cultuale, di sacrificio, di offerta. È un'offerta portata sull'altare, una *prosforà* dice il greco, che viene messa di fronte a Dio per piacere a Lui e quindi innalzata come ostia vivente e gradita. Mi sono spesso domandato se questa parte pratica della Lettera sia conseguenza della parte teorica precedente, oppure se è un brano che il predicatore aveva già usato in altra occasione e che viene posto in questo contesto per fretta e comodità. Effettivamente c'è qualche motivo per dire di sì a questa seconda ipotesi, perché Paolo usa qui dei vocaboli mai usati nella prima parte. Ad esempio: il vocabolo *sacrificio* non è mai stato usato nella prima parte, e così il termine *culto*. Si direbbe quasi che questa parte andrebbe meglio per la *Lettera agli Ebrei*, dove si parla a lungo del sacrificio. Che cosa possiamo dedurne? A me sembra di poter dire che anche gli Apostoli facevano un po' come potevano. Magari avevano fretta di terminare la Lettera, avevano dato altre volte questa esortazione e allora gli veniva bene metterla lì. È, a dir la verità, una bellissima e ricchissima esortazione, ma non vedo collegamenti logici con le pagine precedenti. Anche noi nelle nostre omelie talvolta facciamo un po' così; ripetiamo concetti già enunciati in altre occasioni perché ci sembrano particolarmente efficaci.

Affrontiamo questo dodicesimo capitolo dividendolo in cinque parti: anzitutto il fondamento della vita cristiana (i primi due versetti che descrivono l'atteggiamento fondamentale). Poi vi sono alcune annotazioni sparse, senza un ordine preciso: sulla giusta valutazione di se stessi e sui legami che uniscono tutti i cristiani; si passa poi alla considerazione dei carismi e finalmente si riassume il tutto nel tema della carità. Qui ci sono venti caratteristiche della carità, così come abbiamo visto in precedenza venti peccati che ammorbano il mondo. Abbiamo cominciato con questo problema domandandoci: ma c'è più male nel mondo o c'è più bene? Paolo qui ci riporta al giusto atteggiamento verso il problema del male: «Vi esorto...». È questo un versetto denso di significato: «vi esorto» vuol dire «vi consolo, v'incoraggio, vi supplico, vi prego...» ed è caratteristico della morale cristiana che non dice mai «vi ordino o vi comando». L'etica cristiana invita a cose altissime, ma sempre con la dolcezza, la delicatezza, la premura di chi vuole il bene delle persone a cui si rivolge. *Paracaló* ancora oggi in greco vuol dire "prego". Vi supplico come in ginocchio; fate questo perché vi voglio bene e voi vivrete. Questo è lo stile della morale di Paolo. Vi esorto dunque (e qui si vede che vuole essere una conclusione di una parte teorica, anche se i riferimenti non sono molti) o fratelli: vi esorto, ma non basta questo. Vi esorto per la misericordia di Dio. Qui ci potrebbe essere un legame perché nei capitoli precedenti ha esaltato questa misericordia, soprattutto nel capitolo finale: «Dio infatti ha rinchiuso tutti nella disobbedienza, per usare a tutti misericordia!» (*Romani* 11,32).

La misericordia di Dio è stata mostrata in esempio di fronte al rifiuto del popolo ebraico e diventa ora motivo di vita, si allarga a tutto il comportamento umano. Noi siamo qui per imitare la misericordia, per esprimere la misericordia, per esercitare la misericordia. Viene in mente Luca: «Siate misericordiosi, come è misericordioso il Padre vostro» (*Luca* 6,36). Il tema della misericordia è molto sentito da Paolo e, come ho già accennato, è un tema nodale della Chiesa. La Chiesa deve far sentire la misericordia di Dio nel mondo. Non deve far sentire né la strapotenza, né la capacità organizzativa, né la capacità economica, ma la misericordia. È chiaro che questa misericordia non è a poco prezzo. È una misericordia che veramente ci rinnova e ci riabilita, una misericordia che ci ricrea interiormente. «Vi esorto dunque fratelli per la Misericordia di Dio» (*Romani* 12,1). A che cosa ci esorta Paolo? Questo è il tema centrale: «A offrire i vostri corpi come sacrificio vivente» (*Romani* 12,1). Il linguaggio è cultuale. Si suppone un altare sul quale si mette un corpo come quello di Isacco, che viene offerto come sacrificio vivente. È pieno di vita e riceve vita da Gesù. Questo sacrificio ha tre caratteristiche: è vivente, santo e gradito a Dio. Quindi si deve vivere la vita come un'offerta sacrificale. È questo il "culto spirituale". Potremmo dire culto "razionale", "ragionevole". La traduzione di questa parola non è facile. E non è facile interpretarla perché ricorre soltanto qui in san Paolo nel Nuovo Testamento e quindi si potrebbe rendere in vari modi. Sacrificio "ragionevole" è quello che non chiede troppo, che non prevarica. Ma sembra che il significato migliore sia appunto "spirituale", cioè degno di Dio, cioè secondo il Logos, cioè secondo ciò che ragiona e comanda. È un "culto spirituale" non rituale, non esteriore, ma che coinvolge tutto il nostro quotidiano, sotteso nella parola "corpo", cioè vita. È la nostra vita intera che deve diventare un'offerta a Dio. Non si dice di offrire astrattamente noi stessi, ma i nostri corpi, cioè la nostra concretezza, l'atteggiamento nella preghiera, l'atteggiamento nel rapporto con gli altri, le nostre scelte e le nostre azioni. Tutto è compreso in questo culto spirituale. La vita spirituale è agire nelle cose di tutti i giorni senza mirare a dar prova di abilità o di accortezza, senza ricercare la nostra piccola gloria, ma standо semplicemente immersi nell'atto, in quel gesto. Stando lì, pieni d'attenzione, come se l'azione di quell'attimo – aprire una porta, scrivere una lettera, accudire un malato, celebrare un rito – fosse sempre l'avventura di una prima volta.

«O non sapete che il vostro corpo è tempio dello Spirito santo che è in voi e che avete da Dio, e che non appartenete a voi stessi? ...glorificate dunque Dio nel vostro corpo!» (*1 Corinzi* 6, 19).

Perché passiamo gran parte del nostro tempo senza considerare questo incredibile mistero? Siamo tempio dello Spirito santo! E tale lo è il nostro prossimo, tutto il nostro prossimo! Come può abitare lo Spirito santo nel mio corpo se non ne sono degno, se lo infango e lo deturpo con il mio egoismo e la mia apatìa? San Paolo risponde: «Non appartenete a voi stessi». È una risposta convincente perché nella realtà non possediamo alcuna parte del nostro corpo: tutto ci è stato dato e tutto è stato gettato nell'immenso gioco delle possibilità. Dobbiamo scegliere ma non abbiamo il diritto di soffocare la nostra interiorità con le banalità, altrimenti non glorifichiamo Dio nel nostro corpo. Una volontà pienamente conforme a Colui che ospitiamo dentro di noi: ecco la vera libertà interiore.

Qui seguono due esortazioni, due conseguenze: una negativa e una positiva. La negativa: non conformatevi alla mentalità di questo secolo. Che cosa vuol dire? Conformarsi alla mentalità di questo secolo vuol dire essere soggetti agli *idola tribus,* agli *idola fori,* agli *idola specus* e agli *idola theatri.* In queste cose c'è la mentalità tipica di questo secolo. Guadagnare, godere, farla franca, imbrogliare gli altri: ecco la mentalità di questo secolo. Avere successo politico, religioso, militare. Non conformatevi quindi, non accettate questo "schema mentale" che è proprio della materialità, ma trasformatevi (è la parola della trasfigurazione), cioè cambiate mentalità, rinnovando la vostra mente. Ciò vuol dire che ci vuole un vero rinnovamento nella mente, quello che si cerca in particolare in questi esercizi spirituali per poter discernere la volontà di Dio, ciò che è buono, a Lui gradito e perfetto. Spesso noi attendiamo la volontà di Dio dai consigli e dagli ordini dei superiori, dai segni e da tante altre cose certamente buone. Essa passa anche attraverso queste cose, ma per essere veramente radicati e fondati in Cristo dobbiamo noi stessi cogliere la volontà di Dio e coglierla trasformando la nostra mente, non essendo soggetti agli *idola* e guardando direttamente a Dio perché Lui «ha cura di noi». Come dice san Pietro, Lui ci prende a cuore e ci parla. Quando trovo persone che si dicono smarrite, confuse, turbate che si domandano: dove va il cristianesimo? a che punto siamo? la nostra Chiesa va a rotoli! Vuol dire che non hanno questa "novità di sentimento" che guarda a Dio e si lascia formare e forgiare da Lui. Dopo la richiesta di non conformarsi alla mentalità di questo mondo, ma di essere attenti a discernere la volontà di Dio si va ad alcune richieste particolari che, come ho detto, sono un po' esposte alla rinfusa, come talvolta noi predichiamo nelle nostre Messe domenicali. Probabilmente qui c'è l'influsso della comunità di Roma. Paolo sa qualche cosa di questa comunità e quindi cerca di dire qualche cosa di utile. Primo: «Per la grazia che mi è stata concessa, io dico a ciascuno di voi: non valutatevi più di quanto è conveniente valutarsi, ma valutatevi in maniera da avere di voi una giusta valutazione, ciascuno secondo la misura di fede che Dio gli ha dato» (*Romani* 12, 3). Paolo era a conoscenza che nella comunità c'era gente che si vantava, c'era gente che aveva il gusto di apparire. Allora dice: siate ragionevoli, siate giusti. Non sollevarti al di sopra delle tue possibilità, perché non sei ancora arrivato là dove credi di essere. Avere di noi una giusta valutazione vuol dire anche non averla troppo negativa. Qualche volta c'è quella falsa umiltà che segue la moda del buttarsi giù: conviene non pensarci troppo, non parlare troppo di noi stessi, non pretendere di essere chissà che e neanche pensare o voler essere l'ultima ruota del carro, ma stare al nostro posto. L'umiltà vera è quella interiore e non quella ipocritamente indossata come un abito.

C'è tanta arroganza e ci sono molti saccenti in giro. Nei talk-show televisivi, nei dibattiti culturali, nei mezzi cartacei e in diverse manifestazioni pubbliche ognuno esibisce il suo sapere, sentenzia, esterna e impone i propri rimedi in ogni ambito della vita sociale.

Ci si vanta persino dei propri vizi o delle proprie virtù, dimenticando le proprie origini.

Raramente si parla del proprio approccio alla vita e alla realtà.

La vera umiltà consiste nello stimare gli altri più di se stessi, nell'osservare negli altri ciò che possiedono, e in noi ciò che ci manca. Mentre ognuno pretende di insegnare al vicino. L'umiltà è un'attitudine a lasciare che ci sia insegnato.

Ma l'umiltà non è il frutto di chissà quale sforzo. Si è o non si è umili. Voler essere umili spesso richiede una simulazione che è peggiore dell'orgoglio manifestato. La vera umiltà è una disposizione interiore molto radicata nella nostra mente e nel nostro "io". L'umiltà coincide con la sincerità e la verità. Quando cominciamo a prendere realmente coscienza di quello che siamo, delle nostre abitudini, dei nostri pregiudizi, dei nostri limiti, ma anche dei doni che abbiamo ricevuto da Colui che li distribuisce a suo piacimento, siamo all'inizio di una trasformazione del nostro cuore.

Paolo lo chiede per la grazia che gli è stata concessa. Quale grazia? Probabilmente quella di conoscere un po' questa comunità e di sapere che c'era gente vanitosa, che ostentava la propria fede. Una seconda osservazione è nei versetti 4-5: siamo legati gli uni agli altri e quindi dobbiamo aiutarci. «Poiché, come in un solo corpo ci sono molte membra e queste membra non hanno tutte la medesima funzione, così anche noi, pur essendo molti, siamo un solo corpo in Cristo e ciascuno per la sua parte siamo membra gli uni degli altri» (*Romani* 12, 4-5). Dunque qualcuno probabilmente in questa comunità voleva assumere compiti e responsabilità non sue, e invidiava quelle di altri. Perciò Paolo dice: ritornate a una giusta valutazione di voi stessi perché siete al servizio gli uni degli altri. Bisogna accettare anche la diversità, collocarla nella giusta dimensione. Se questo è vero in generale per il corpo della comunità vale in particolare per i carismi: «Abbiamo pertanto doni diversi secondo la grazia data a ciascuno di noi. Chi ha il dono della profezia la eserciti secondo la misura della fede; chi ha un ministero attenda al ministero; chi l'insegnamento, all'insegnamento; chi l'esortazione, all'esortazione. Chi dà, lo faccia con semplicità; chi presiede, lo faccia con diligenza; chi fa opere di misericordia, le compia con gioia» (*Romani* 12,6-8).

Paolo non persegue un assurdo egualitarismo. La grazia si manifesta in modi diversi, la grazia fondamentale della chiamata a vedere Dio è unica e uguale per tutti, ma la grazia di esprimere, qui o là, la misericordia di Dio è multiforme e ciascuno deve saperla riconoscere in sé. Alcune volte constatiamo che certe vocazioni si gonfiano, magari per stimolo dei genitori, credendo di essere chiamati a chissà che cosa, ma poi ci si accorge che il posto ambìto non era il nostro posto. C'è stato un orgoglio di sé indebito. I carismi sono diversi e ciascuno si specializzi nel suo: chi ha il dono della profezia si eserciti secondo la misura della fede, chi ha un Ministero attenda al Ministero, chi l'insegnamento attenda all'insegnamento, chi l'esortazione attenda all'esortazione. Ciascuno faccia ciò a cui è stato chiamato. Chi dà lo faccia con semplicità, chi presiede lo faccia con diligenza, chi fa opera di misericordia la compia con gioia. Il pensare «Sono arrivato da qualche parte» o, peggio, «Ecco, ora sono arrivato» non è proprio interessante. Al contrario, quando non coltiviamo l'idea del conquistare una mèta, dell'ottenere un certo effetto, del dimostrare qualcosa a qualcuno, ecco, allora siamo davvero uomini e donne dello Spirito. Paolo nella *Lettera agli Ebrei* raccomanda a tutti i membri della comunità: «Obbedite ai vostri capi e state loro sottomessi, perché essi vegliano su di voi, come chi ha da renderne conto; obbedite, perché facciano questo con gioia e non gemendo: ciò non sarebbe vantaggioso per voi» (13,17). Questo l'ho ricordato varie volte ad alcune comunità che erano un po' contestatarie dicendo: «Fatemi fare il mio servizio con gioia, datemi la possibilità di godere con voi della cordialità e della amicizia». Il sorriso è una cosa sacra. È un privilegio godere di un sorriso vero, gratuito, dove non c'è calcolo né seduzione. È una delle più grandi qualità dell'essere umano, che ci fa pregustare qualcosa dell'eternità, del sorriso dei santi e di Dio.

La quarta esortazione è finalmente risolutiva e complessiva: la carità. L'uomo – come dice Girard – vive perennemente sulla punta di un triangolo, cioè: o invidia chi ha altre qualità o invidia chi sta meglio. Questo è tipico delle comunità: perciò è miracolo e una grazia controcorrente il vivere in unità e fraternità. Qui sono elencate almeno una ventina di caratteristiche della carità che sono dette così come vengono ma sono molto significative: la carità non abbia finzioni. Certe volte si va in certi luoghi dove c'è cortesia, e magari sorriso, ma non c'è carità: c'è finzione di carità. Quindi la carità non deve essere finta o soltanto ostentata: «La carità non abbia finzioni: fuggite il male con orrore, attaccatevi al bene; amatevi gli uni gli altri con affetto fraterno, gareggiate nello stimarvi a vicenda. Non siate pigri nello zelo; siate invece ferventi nello spirito, servite il Signore. Siate lieti nella speranza, forti nella tribolazione, perseveranti nella preghiera, solleciti per le necessità dei fratelli, premurosi nell'ospitalità. Benedite coloro che vi perseguitano, benedite e non maledite. Rallegratevi con quelli che sono nella gioia, piangete con quelli che sono nel pianto. Abbiate i medesimi sentimenti gli uni verso gli altri; non aspirate a cose troppo alte, piegatevi invece a quelle umili. Non fatevi un'idea troppo alta di voi stessi» (*Romani* 12, 9-16).

Quest'ultima qualifica soprattutto è molto importante perché in genere si ha l'impressione di preti che gareggiano nel criticarsi a vicenda, nel criticare gli assenti. Invece, gareggiate nello stimarvi a vicenda e poi ancora non siate pigri nello zelo. San Paolo sa che la pigrizia è tristezza. Magari sembra riposante, ma ammollisce il cuore, l'arco non è più teso. Non siate pigri nello zelo, siate invece ferventi nello Spirito. Siate lieti nella speranza della vita eterna. Sì, sovente noi speriamo la vita eterna, ma il più tardi possibile. Siate lieti nella speranza, ovvero: ciò che sperate deve darvi gioia. Siate forti nella tribolazione e perseveranti nella preghiera. Quante volte noi cominciamo a pregare, poi col telefonino interrompiamo, andiamo altrove. Dobbiamo essere perseveranti fino a spegnere il telefonino, se è necessario. Solleciti per le necessità dei fratelli, premurosi nell'ospitalità, benedite coloro che vi perseguitano. Ecco qui c'è un classico punto evangelico: benedite coloro che vi perseguitano, benedite e non maledite, rallegratevi con quelli che sono nella gioia, piangete con quelli che sono nel pianto. Quindi, la compassione come virtù fondamentale. Abbiate i medesimi sentimenti gli uni verso gli altri, non aspirate a cose troppo alte, piegatevi invece a quelle umili. Non fatevi un'idea troppo alta di voi stessi.

L'ultima esortazione è un po' il riassunto della *Lettera ai Romani*: «Non rendete a nessuno male per male. Cercate di compiere il bene davanti a tutti gli uomini. Se possibile, per quanto questo dipende da voi, vivete in pace con tutti. Non fatevi giustizia da voi stessi, carissimi, ma lasciate fare all'ira divina. Sta scritto infatti: A me la vendetta, sono io che ricambierò, dice il Signore. Al contrario, se il tuo nemico ha fame, dagli da mangiare; se ha sete, dagli da bere: facendo questo, infatti, ammasserai carboni ardenti sopra il suo capo. Non lasciarti vincere dal male, ma vinci con il bene il male» (12,17-21).

Splendida è l'ultima frase: non lasciarti vincere dal male ma vinci il male con il bene. La Bibbia non si stanca di ripeterci, fin dal libro della *Genesi* che nel cuore dell'uomo sono presenti il grano e la zizzania, le forze del male e le energie del bene. In virtù della sua libertà l'uomo è libero di far prevalere la parte buona e luminosa di sé oppure quella cattiva e oscura.

Se guardiamo bene al nostro cuore, scopriamo che le forze negative del male e le forze positive del bene sono in perenne lotta dentro di noi. Pensate a quando abbiamo quegli improvvisi scatti d'ira e poi, pochi attimi dopo, siamo amaramente pentiti della nostra manifestazione aggressiva.

Non si tratta di temere il maligno, cioè la parte negativa di noi stessi, che è presente anche nel cuore dei bambini e dei ragazzi. Non si tratta neppure di demonizzare l'attrazione che talvolta il maligno esercita su di noi; un'attrazione che si agita come un serpente nell'animo umano fin dalle origini dell'umanità e che si insinua in noi fin dal momento del concepimento. Si tratta tuttavia di sapere che abbiano la responsabilità di scegliere: quale delle due parti vogliamo far prevalere dentro di noi? Quella oscura, che vuole il male, l'odio e la distruzione o quella che predilige il bene, l'amore, la creazione?

La fiducia in questa battaglia è non scoraggiarsi mai e guardare sempre avanti, spargendo ovunque semi di bene e lasciando alla Provvidenza i germogli e i frutti.

Fare il bene a colui che mi sta facendo del male pare impossibile per le sole forze umane. In questo senso il comandamento dell'amore è ultimo, definitivo, e nuovo al tempo stesso, in quanto reso possibile dal fatto che è Gesù stesso colui che l'ha vissuto nella sua carne, nella sua passione, fino alla morte.

Abbiamo cominciato domandandoci: ma nel mondo c'è più male o c'è più bene? Non c'è una risposta: l'importante è non lasciarsi vincere dal male ma produrre il bene per far arretrare il male, cioè essere come Dio che trae anche il bene dal male. Questa è la risposta che soddisfa, la risposta che chiama in causa non tanto l'intelligenza, quanto l'affettività e il cuore. Chiediamo che questa risposta sia nostra e sia di tutta la Chiesa.

Anche Pietro ha un forte richiamo alla carità, là dove dice che l'unico requisito in fondo per essere pastori è l'amore, l'amore con la certezza di essere perdonati. Per tre volte Gesù pone la domanda a Pietro: mi ami tu? Per dargli la certezza del perdono e fondare l'amore sul perdono ricevuto. Chi ha perdonato perdonerà e noi, molte volte perdonati, siamo chiamati a perdonare e a usare misericordia. Perdono e misericordia non hanno molto spazio nel mondo che ci siamo costruiti, nella vita di tutti i giorni, nei rapporti tra persone, tra famiglie, tra comunità e popoli diversi.

Il Cristo dalla croce ci mostra il vertice umano del perdono: «Padre, perdonali, perché non sanno quello che fanno» (*Luca* 23, 34).

Si tratta di cambiare radicalmente la nostra mentalità e le nostre abitudini; si tratta di convertirci a un vero costume cristiano nella vita di tutti i giorni: in famiglia, sul lavoro, con tutti.

Qual è la mentalità che Gesù trovò intorno a sé? Occhio per occhio e dente per dente, ma anche la dura legge del diritto romano e le assurde prescrizioni dei rabbini che leggevano e commentavano a modo loro la Bibbia.

I rabbini avevano fissato delle regole di comportamento: alla moglie si perdona tre volte; al marito due volte, all'estraneo una volta, eccetera... Dicevano che Dio perdona fino a tre volte, allora arrivare fin lì era già il massimo.

Pensavano: i tuoi sì, accettali, perdonali, gli altri no; se sbaglia uno come te, del tuo clan, della tua tribù, scusalo; se è uno diverso da te, no!

Noi diremmo oggi: sì a quelli come me; no a quelli che non hanno studiato, a quelli di altro colore o nazionalità, a chi non frequenta la chiesa, a chi fa una certa vita...

Per questo Pietro, credendo di dire un'esagerazione, domandò a Gesù: «Va bene perdonare fino a sette volte?». E Gesù: «Non dico fino a sette, ma fino a settanta volte sette» (*Matteo* 18, 22), che significa sempre.

Vorrei ora fare una parentesi e soffermarmi sul significato e sul valore della preghiera. Anche la preghiera s'inserisce nel culto spirituale esortato da Paolo. Anzitutto, constato nel vangelo che Gesù prega per me. Già è un mistero il fatto che Gesù preghi. Potremmo pensare che Gesù ha tutto a sua disposizione, invece dialoga col Padre e ricorda a tutti la necessità di pregare. Gesù prega e allora devo anch'io pregare. Francamente se dovessi dire alla fine della mia vita qual è il fondamento razionale della preghiera non saprei dirlo. Prego perché Gesù ha pregato; prego perché il Signore c'invita alla preghiera; prego perché la preghiera è un mistero che ragionevolmente non sembra spiegabile. La preghiera ci mette nel cuore di Dio, nella mente di Dio, allarga la dimensione dello Spirito. Chiediamo sempre di perseverare nella preghiera. Nella preghiera sincera talvolta sgorgano le lacrime. Queste lacrime sono benedette quanto un battesimo. Dobbiamo pregare per ottenere il dono delle lacrime. Una lacrima di pentimento scioglie la durezza di cuore e irriga la pianura desolata della nostra anima.

Ricordo che alcuni anni fa condussi una "Cattedra di non credenti" sul tema "La preghiera di chi non prega". Avevo invitato alcuni non credenti che pregano a spiegare che cosa era per loro la preghiera. Ricordo uno psicanalista molto famoso che mi scrisse: «Io non credo in Dio ma prego due volte al giorno». Una poetessa non credente si rivolgeva a Dio come a un Tu. Abbiamo chiamato anche un monaco buddhista che crede nel nulla, ma prega. Abbiamo concluso che la preghiera è più profonda quasi del senso di credere, è più insita nel cuore, è nel nostro dna. Quindi pregando siamo veramente noi stessi. Quando non preghiamo perdiamo il punto di vista giusto di noi stessi. Gesù ha pregato e perciò anche noi dobbiamo pregare. Mi stupisce anche che Gesù abbia pregato per sé. Che bisogno ne aveva Lui? Ha pregato per sé, per la sua glorificazione. Quindi anch'io devo saper pregare per me, perché il Signore lo desidera. Poi ha pregato per noi, non solo per gli apostoli, ma per tutti quelli che crederanno. Siamo sostenuti dalla Sua preghiera, portati dalla Sua preghiera, nutriti dalla Sua preghiera. La nostra preghiera è la preghiera che Gesù ha fatto per noi e che Gesù fa in noi. È un mistero formidabile, che io chiedo la grazia di poter approfondire sempre di più dando tempi giusti e prolungati alla preghiera, scartando quindi televisione, telefonino, internet ecc. per riservare tempi lunghi in cui adorare Dio solo e mettersi davanti a Lui con umiltà.

Certo la preghiera ha delle prove. E non solo santa Teresa di Gesù Bambino, ma anche Madre Teresa di Calcutta ha vissuto momenti lunghi di totale aridità, di totale assenza di Dio, nel buio più profondo. Io l'ho incontrata più volte: era piena di serenità, di pace, di pazienza e di preghiera. Dunque c'è un mistero nella preghiera, anche nella preghiera arida e nella preghiera apparentemente non esistente, nella quale però noi ci rivolgiamo a Dio e siamo suoi.

IL REGNO DI DIO

Giustizia, pace e gioia nella *Lettera ai Romani*

Ci sono vari modi di concludere gli esercizi sulla *Lettera ai Romani*. Potrebbe essere bello commentare l'inno finale della Lettera, che forse è stato aggiunto dopo, ma è comunque molto molto bello e dice: «A colui che ha il potere di confermarvi secondo il vangelo che io annunzio e il messaggio di Gesù Cristo, secondo la rivelazione del mistero taciuto per secoli eterni, ma rivelato ora e annunziato mediante le scritture profetiche, per ordine dell'eterno Dio, a tutte le genti perché obbediscano alla fede, a Dio che solo è sapiente, per mezzo di Gesù Cristo, la gloria nei secoli dei secoli. Amen» (16,25-27). È una bellissima sintesi dell'opera di salvezza. Tuttavia, ritengo più utile dare alcune piste di riflessione. Desidero affrontare il tema del *regno di Dio* nella *Lettera ai Ro-*

mani. Di per sé l'espressione appare una volta sola nel capitolo quattordicesimo, là dove si dice: «Il regno di Dio infatti non è questione di cibo o di bevanda ma è giustizia pace e gioia nello Spirito santo» (14, 17). Vediamo di richiamare gli antefatti. Noi sappiamo che il regno di Dio è stato il tema centrale della predicazione di Gesù. Giovanni Paolo II nel terzo Mistero Luminoso ha messo "la predicazione del regno". Tuttavia, il regno è menzionato soprattutto nei Sinottici, e viene menzionato senza mai definire che cos'è. Ma solo con paragoni: «È simile a...». Paragoni diversissimi, che riguardano cielo e terra, e diverse situazioni umane. C'è sempre un non so che di misterioso su questo tema. In sé vuol dire appunto che Dio prende possesso di ogni cosa, sconfigge ogni male, promuove ogni bene e si acquista la gioia perfetta. L'essere umano spasima di raggiungere una pienezza che non potrà mai ottenere, se non in rari e fugacissimi momenti. Il cuore dell'uomo anela a un'eternità di cui talvolta percepisce l'esistenza.

L'uomo è un perenne insoddisfatto, anche quando è apparentemente appagato di tutto. E questo avviene perché la vita di ciascuno di noi ha nostalgia di potersi riavvicinare all'Amore che l'ha generata.

«Non abbiamo quaggiù una città stabile, ma cerchiamo quella futura» (*Ebrei* 13, 14).

Il tempo per ogni creatura umana è un tempo breve, urgente, che passa e non torna. E in questo tempo fugace si gioca la riuscita della nostra vita, l'eternità, la nostra scelta per il sempre.

Un tempo breve, urgente, anche per il mondo che cambia, intorno a noi.

La Parola di Dio ci richiama a una dimensione essenziale del vivere: la dimensione della provvisorietà, il vivere da pellegrini, anzi da nomadi, come anche Pietro ribadisce nella sua *prima Lettera* ai capitoli 1 e 2.

Pellegrini ogni giorno. Forestieri in ogni luogo. Nomadi che ogni mattina levano la tenda e ogni sera la ripiantano, finché ci sarà data una casa stabile, una dimora per sempre.

Vivere lo spazio e il tempo da nomadi è un puro atto di umiltà. È finalmente percepirsi piccoli di fronte all'Universo e quindi non crederci mai degli "arrivati".

Nomadi. Questa è la condizione reale, oggettiva, di ognuno di noi, di ogni famiglia, di tutti su questa terra. Ma siamo capaci di vivere così? Viviamo come pellegrini o come gente arrivata, sistemata? Come forestieri o come gente che ha messo qui le radici, come se non dovesse mai più andare via? Come zingari in una tenda, o come signori che cercano solo di stare bene, comodi, tranquilli, senza pensare al tempo che passa, al bene che resta, ai fratelli che tendono la mano?

Il tema della fine dei tempi e del regno quasi scompare nella predicazione primitiva. Probabilmente il motivo è quello che ho indicato all'inizio di questi esercizi quando ho detto che sarebbe bello parlare del regno finale, ultimo a cui tendiamo, ma è altrettanto bello e appassionante parlare dell'origine di tutto ciò che fa scaturire il regno: ovvero la morte e risurrezione di Gesù. La predicazione primitiva non menzionava tanto il regno, quanto Gesù morto e risorto come inizio del regno. Ancora oggi il termine "regno" è rimasto sia come segno di antichità, sia come promessa di pienezza. Ed è così che viene usato per esempio nel bellissimo testo della *prima Lettera ai Corinzi* (capitolo 15) là dove si dice: «E poi sarà la fine quando Egli (cioè Gesù) consegnerà il regno a Dio Padre, dopo aver ridotto al nulla ogni principato e podestà e potenza. Quando tutto gli sarà stato sottomesso anche lui, il figlio, sarà sottomesso a colui che gli ha sottomesso ogni cosa, perché Dio sia tutto in tutti» (15,27-28). È una misteriosa definizione del regno finale che Teilhard de Chardin ha ampiamente richiamato nelle sue opere e che è il fine di tutta la creazione, di tutto ciò che da tempo immemorabile Dio ha lanciato nel mondo. Quindi questo regno rimane come valore finale, mentre Gesù Cristo morto e risorto è il valore germinale. Paolo parla poco del regno, ma parla molto di giustizia, verità, libertà, gioia. C'è appunto un'unica occasione in cui san Paolo definisce il regno secondo le sue categorie e mi sembrano categorie molto belle. San Paolo nel capitolo 14 discute con i deboli e con i forti della comunità. Non si capisce quale sia la vera idea di san Paolo. In ogni caso la sua preoccupazione fondamentale è questa: non è questione di cibo o di bevande, di prendere o lasciare, di astenersi o consumare, ma «il regno di Dio è giustizia pace e gioia nello Spirito santo» (*Romani* 14, 17). Questa è una bellissima definizione del regno. Anzitutto il regno di Dio è lo Spirito che opera in noi, è la legge dello Spirito che ci è entrata dentro e che ci dà la sensibilità ai valori evangelici. Esso ci fa amare ciò che ha amato Gesù, ci fa scegliere ciò che ha scelto Gesù. Quindi lo Spirito è il vero autore delle scelte della Chiesa. Quando si è nello Spirito santo c'è giustizia, pace e gioia. Si tratta di giustizia umana, cioè di rapporti giusti, lineari, corretti, tra le persone e fra l'uomo e Dio. Voglio evidenziare le tre parole *giustizia, pace* e *gioia;* questi per Paolo sono i segni indubitabili dello Spirito. Quando si è in pace con se stessi, si è pace con Dio e si cerca la pace con gli altri. Quando c'è gioia, cioè una interiore zampillante serenità, quando c'è capacità di leggere ovunque i segni della presenza positiva di Dio, quando ogni situazione è interpretata nel verso giusto, come qualcosa che ci aiuta veramente a crescere; quando ci sentiamo amati da Dio e quando sentiamo che

Dio fa tutto per il nostro bene, allora giustizia, pace e gioia sono i segni dello Spirito, sono l'anticipo del regno già presente e operante. Non possiamo rendere presente il regno se non passando attraverso questi valori.

«Il Regno dei cieli è simile a un tesoro nascosto nel campo; un uomo lo trova e lo nasconde; poi va, pieno di gioia, vende tutti i suoi averi e compra quel campo. Il Regno dei cieli è simile anche a un mercante che va in cerca di perle preziose; trovata una perla di grande valore, va, vende tutti i suoi averi e la compra» (*Matteo* 13,44-45).

Per il vangelo dunque il tesoro è «il Regno dei cieli», quello che Paolo nel suo caratteristico gergo chiama l'«essere conformi all'immagine del Figlio» (*Romani* 8,29).

Regno dei cieli e conformità all'immagine del Figlio sono tutt'altro che un libretto di istruzioni su come vivere la vita, con buona pace di chi tenta di generazione in generazione di liofilizzare il vangelo in percorsi ascetici, itinerari spiritualistici o codici etici.

Il Regno dei cieli è anzi – ci dice la parabola – imbattersi in un tesoro nascosto, in una perla di grande valore: lasciarsi cioè incontrare, nel vivere quotidiano, nella fatica del crescere, nei tentativi di scoprire, nello sforzo di capire, nella delusione del regredire, nell'avvilimento del soffrire, nel provare ad amare... nell'impasto di confusione e ordine che siamo... da qualcosa che si rivela al nostro cuore come promettente per una vita bella.

Qualcosa di così promettente da accordargli un credito, spenderci passione e sudore, fino a giocarci la vita!

Se poi questo tesoro non è un qualcosa, ma un Qualcuno si capisce ancora meglio quanto non si possa trattare di un canovaccio già scritto per tutti.

Perciò vi auguro di portare con voi sempre nel vostro agire quotidiano nel mondo giustizia, pace e questo entusiasmo, sapendo che ne avete diritto; che non c'è nessuna situazione che abbia motivo di creare amarezze permanenti; che ogni situazione può aprirsi nella gioia del Signore. Questo è ciò che vi auguro di tutto cuore.

Indice

Stampa: Mondadori Printing S.p.A. - Stabilimento NSM - Cles (Trento)

LE ALI
DELLA LIBERTÀ